여시아문

KB192280

여시아문

2012년 10월 25일 초판 1쇄 펴냄

펴낸곳 (주)도서출판 **삼인**

지은이 마이다 슈이치
옮긴이 이아무
펴낸이 신길순
부사장 홍승권
편집 김종진 김하얀
미술제작 강미혜
마케팅 한광영
총무 정상희

등록 1996.9.16 제 10-1338호
주소 120-828 서울시 서대문구 연희동 220-55 북산빌딩 1층
             (서울시 서대문구 성산로 312)
전화 (02) 322-1845
팩스 (02) 322-1846
전자우편 saminbooks@naver.com

제판 문형사
인쇄 영프린팅
제책 쌍용제책

ISBN 978-89-6436-052-1 03200

값 12,000원

如是我聞
여시아문

이와 같이 나는 들었노라

마이다 슈이치 지음 ― 이아무 옮김

삼인

❤ 차례

책머리에

—영문英文으로 옮긴이의 말—

이 책은 현대 일본 불교 사상가들 가운데 하나인 마이다 슈이치(1906~1967)의 글을 영문으로 번역, 편집한 것이다. 그가 스승인 아케가라수 하야(1877~1954)에 관련하여 쓴 글을 주로 모았다.

마이다는 열여덟 살 때 아케가라수 스님의 강연을 처음 듣고 그 인격과 가르침에 감동하여 마침내 자신의 인생을 바꾸게 된 인물이다. 그에게 아케가라수는 붓다의 상像이었고 이상적인 인간이었다. 마이다는, 그의 말대로, "붓다와 사랑에 빠졌다." 그리고 세월과 함께 그 사랑은 더욱 깊어졌다.

아케가라수의 강연을 처음 들었을 때 마이다는 고향인 이시가와 현縣 카나자와에서 과학을 전공하는 고등학생이었다. 그런데 아케가라수의 영향으로 과학에 흥미를 잃고 종교와 철학에 관한 서적을 읽기 시작했다. 그는 교토京都 대학에 들어가 니시다 기타로西田幾多郎(1870~1945) 밑에서 서양철학을 공부하게 된다.

니시다 박사는 당대 일본에서 가장 존경받는 철학자들 가운데 하나였다. 그러나 마이다는 학술적academic 학문에 흥미를 잃고 종교적 구도자의 길을 걷고자 대학을 떠나고 싶어 했다. 그의 부모가 이에 강하게 반대했고 공부를 계속하라고 권했다. 마이다는 타협하는 심정으로 대학 3학년 때 혼슈 섬 남쪽 해변 마을 시오노 미사키에서 수영, 독서, 명상으로 7개월을 보낸다.

1929년 스물세 살 되었을 때 대학을 졸업했다. 이듬해, 어렸을 때 다친 무릎 뼈 부상으로 두 달 만에 군복무를 마치고 제대하면서 곧 가나자와 다이산 중학교 선생이 된다. 중학교 교사 7년을 하고 나서 나이 서른하나에 나가노 현縣 사범대학 교수가 된다. 거기서 5년간 가르쳤는데 그동안에 많은 불교 경전과 불교 사상가들을 공부하여 불교에 상당한 견해를 가지게 되었다.

1942년, 제2차 세계대전 중 마이다는 나가노에서 고향으로 돌아와 이시카와 여자 사범대학 교수가 된다. 같은 해에 사범대학 교장 시미즈 교쇼와 함께 이시카와 현 기타 야수다에 있는 아케가라수 스님의 절을 찾는다. 처음 그를 만난 지 19년 만에 다시 만난 것이다. 그 자리에서 마이다는 자기 생의 가장 중요한 목적이 아케가라수한테 배우는 것임을 깨닫는다. 그렇게 해서 아케가라수의 법회에 출석하기 시작한다.

제2차 세계대전이 끝나자 마이다는 인생의 행로를 바꾸겠다는 강렬한 충동을 느낀다. 그리하여, 나가노에 있는 옛 제자들에게 편지를 보내어 나가노에 가서 아무것도 하지 않고 그들과 함께 아케가라수의 가르침을 받고 싶다는 간절한 심정을 전한다. 이에 나가노의 몇 제자가 열렬히 동조해 왔다.

1946년 1월 6일, 직장과 가족을 고향 마을에 두고 나가노로 돌아가리라는 결심을 굳힌 마이다는 아케가라수를 찾아가서 자기 뜻을 밝힌다. 스승은 그대로 하라고 독려한다. 바로 그다음 날, 마이다는 모든 것을 뒤에 두고 나가노로 떠난다.

그로부터 마이다는 1967년 2월 27일 타계하는 날까지 21년간 나가노에 살면서 학생들과 불교를 공부한다. 그 21년 동안에 마이다가 보여준 것만큼 열성적이고 활발하게 불교를 공부한 사람은 아마도 없을 것이다. 아케가라수에게 배우고 그 가르침을 다른 사람과 나누는 것이 그의 인생의 모든 것이었다. 매년 아케가라수를 나가노에 모셔다가 강의를 들었다. 그리고 아케가라수가 자기 절에서 여는 법회에 정기적으로 출석했다.

1947년에서 1951년까지 마이다는 자신의 월간지

인 《진리》에 많은 글을 발표한다. 1952년에는 스승인 아케가라수의 개인 잡지 편집장이 된다. 그는 스승이 타계한 1954년까지 아케가라수의 글을 편집하는 일을 맡았다.

스승이 타계하자 아케가라수의 몇 제자들이 마이다에게 자기들의 선생이 되어 줄 것을 요청했다. 그러나 마이다는 그럴 수 없다고 생각하여 잡지 편집장 자리를 물러나고 이듬해 자신의 개인 잡지 《히말라야 산》을 창간한다. 《히말라야 산》은 1967년 그가 죽을 때까지 계속 간행되어 통권 148호를 냈다.

마이다는 타계하기 전해인 1966년에 세 가지 일을 했다. 신란親鸞의 『교행신증教行信證』 반도 본本 개정판 출간, 니시다 기타로, 스즈키 다이세츠禪宗學者(1870~1966), 가네코 다이에이眞宗學者(1881~1976) 등의 사상 비판, 초기 불교경전 수타니파타의 주석서 『석가모니와의 대면』 집필이 그것이다.

『교행신증』을 외국어로 번역하기 위해 온전한 대

본臺本을 마련하는 것은 그의 스승인 아케가라수가 간절히 바라는 일이기도 했다. 마이다는 아케가라수가 다른 학자들과 어떻게 다른지 그 차별성을 보여주고 싶기도 했다. 『석가모니와의 대면』을 쓴 것은 제목 그대로 석가모니를 만나고 싶은 간절한 마음의 표현이었다. 마이다에게는 석가모니와 아케가라수가 하나였다.

그해 말에 마이다는 「아케가라수 스님과 기요자와 스님」이라는 글을 썼다. 거기서 그는 아케가라수를 만난 행복에 대해 말한다.

"나는 아케가라수 스님을 만날 수 있었다. 나에게는 그를 떠나서 다른 불법佛法이 있을 수 없다. 그가 불법이다. 그가 석가모니 자신이다. 만일 이 생각이 잘못된 것이라면 나의 일생도 실패작이다. 그래도 좋다. 나는 만족하면서 죽을 것이다."

마지막 해가 된 1967년 정초에 마이다는 스승 아케가라수의 전기를 쓰고 싶다고 했다. 그래서 아케가라수에 관한 글을 잡지에 싣기 시작했다. 그러나 그 일은 곧 중단되고 말았다. 그해 2월, 그가 마지막 숨을 거두었던 것이다.

마이다는 엄청나게 많은 글을 남겼다. 그가 쓴 글을 모두 모으면 1만 페이지가 넘을 것이다. 대부분이 나가노 생활 21년 사이에 나온 것들이다. 그 모든 글이 스승인 아케가라수의 가르침을 부연 설명한 주석이라고 해도 과언이 아니다.

이 책의 주제는 '선생과 학생의 관계'다. 내용을 간추려 본다.

1. 선생을 모시는 일의 중요성

2. 선생은 무상無常의 진리를 자기 몸으로 구현한다.

3. 선생은 참된 학생이다.

4. 선생은 목적goal이 아니라 안내자다.

5. 선생은 절대부정으로 가르친다.

6. 선생은 학생의 자유, 홀로서기, 창조를 실현한다.

7. 참선생은 해방 경험 뒤에 인식된다.

1. 선생을 모시는 일의 중요성

어떤 기술이나 학문을 배우려면 그 분야에 탁월한 선생을 모셔야 한다. 그런데 불교의 세계에서만큼 선생이 결정적으로 중요한 데가 없다. 마이다는 몸소 선생을 모셔 본 경험을 통해, 한 인간이 선생을 만나 그에게서 배우는 것보다 더 중요한 일이 그의 생애에 없음을 알았다. 그는 말한다.

"한 인간의 정신세계에서 무엇보다 중요한 문제는

그가 선생을 만나느냐 만나지 못하느냐, 바로 그것이다. 그가 과연 진짜 사람을 만나느냐, 진짜 인격을 만나느냐, 그것이 요점이다."

마이다는 자기가 아케가라수를 만나지 못했더라면 불교가 무엇인지 알 수 없었을 것이라고 믿고 있다. 그에게 불교는, 몇 가지 추상적인 개념들을 배우는 데 있지 않고 살아 있는 한 인간을 만나는 데서 이루어지는 것이었다.

"책을 읽고 경을 읽고 주석을 읽고 법문을 읽고 그것들을 자신의 변덕스러운 입맛에 맞추어 이러쿵저러쿵 판단하는 일은 도무지 쓸데없는 짓이다. 우리의 모든 논지가 한 인격에 의해, 한 영적 안내자에 의해 산산조각으로 부서지지 않는 한, 우리는 석가모니의 주관적 무無, the subjective nothingness가 무엇을 뜻하는지 결코 이해 못할 것이다. 우리가 머리로 궁리하여

무無를 이해할 수 있다고 말하는 사람이 없잖아 있다.
그러나 미안하지만 그 무는 진정한 무가 아니다. 영적
안내자를 만나지 않고서는 참된 무의 근처에도 이를
수 없다."

특별한 선생을 모시는 일의 중요성은 일본의 양대
불교전통인 진종Shin, 眞宗과 선종Zen, 禪宗에서 함께
강조되고 있다.

정토진종의 개조開祖인 신란親鸞(1173~1262)은 그
의 선배들이 저마다 그들의 존경하는 선배들한테서
가르침을 물려받았다고 믿었다. 신란 자신도 일본 정
토종의 조사祖師인 호넨法然(1133~1212)을 선생으로
모셨다. 그는, 호넨이 없었다면 불교를 이해할 수 없
었을 것이라고 자주 말했다.

신란의 제자 유이엔보唯圓房는 진종불교의 본질을
이렇게 설명한다.

"우리가 만나 뵙게 된 선생을 의지하지 않고서 어떻게〔특히, 진종불교의〕 이행易行의 길로 들어설 수 있겠는가?"

선종도 선생한테서 학생한테로 가르침이 전수되는 것을 중요시한다. 예컨대 일본 조동선曹洞禪의 조사인 도겐道元(1200~1953)은 송나라 여정 선사如汀禪師를 선생으로 모신 학생이었다. 도겐은 말했다.

"그대에게 참된 선생이 없다면 불교를 배우지 않는 게 더 좋을 것이다."

아케가라수 하야 또한 기요자와 만시淸澤滿之(1863~1903) 스님과의 만남을 자기 생애에서 가장 중요한 사건으로 여겼다. 그는 자신의 전 생애를 기요자와 스님한테서 배우는 일에 바쳤다. 선생을 모시는 것이 얼마나 중요한 일인지를 그는 이렇게 강조한다.

"여러 선생을 모시는 자들과 한 선생도 모시지 못한 자들은 아직 자신의 길을 찾지 못한 것이다.

여러 신神들과 붓다들을 예배하는 자들과 아무 신도 붓다도 예배하지 않는 자들은 아직 진리의 세계를 찾지 못한 것이다.

복되도다. 오직 한 분 선생을 모신 자들, 오직 한 붓다를 섬기는 자들!"

불교는 오직 선생과 학생의 관계 속에서만 존속되어 왔다고 할 수 있다. 아니면, 선생과 학생의 관계 그 자체가 곧 불교라고 말하는 것이 더 정확하겠다. 우리가 한 선생을 모실 때, 우리가 그의 학생이 될 때, 그때에 비로소 불교가 우리를 위해 존재하는 것이다. 이제부터 불교에서 선생이란 어떤 존재인지를 살펴보기로 하자.

2. 선생은 무상無常의 진리를 자기 몸으로 구현한다

그러면 선생은 무엇을 구현embody하는가? 마이다에 따르면, 그는 자기 몸으로 무상無常, impermanence을 구현한다. 무상은 석가모니가 가르친 궁극 진리다. 선생이 당신 몸으로 무상을 구현한다는 것이 무엇인지를 이해하기 위해서 우리는 석가모니의 생애를, 특히 그가 깨달음을 얻은 경험을 중심으로 하여, 돌이켜보아야 한다. 왜냐하면 석가모니는 불교에서 선생의 참모습을 보여준 역사적 원형historical prototype이기 때문이다.

전설은 석가모니가 북인도 한 소왕국의 왕자로 태어났다고 말한다. 인간이 생로병사에서 벗어날 수 없다는 사실을 알게 된 그는 스물아홉 나이로 집을 떠나 종교적 구도자가 된다. 그 뒤 6년 동안 전승돼 내려온 종교들의 가르침을 배우며 극심한 고행을 실천하지만 자기가 찾던 궁극적 평안을 발견할 수 없었다. 마침내 그는 깨달음을 얻기 전에는 자리에서 일어나지 않겠다는 결심으로 나무 아래 앉아 깊은 명상에 들어간다.

무엇이 그 명상의 내용이었던가? 명상 속에서 그는 자기 존재 안에 불변하는 어떤 것이 있는지 살펴보았다. 먼저 자신의 육체를 보았는데, 몸을 구성하고 있는 모든 것들이 끊임없이 움직이고 흘러간다는 사실을 깨달았다. 다음으로 마음을 살펴보면서 그 안에서 아트만atman(불변하는 자아 또는 영혼)이 발견될 수 있을 것이라고 생각했다. 그러나 아무리 찾아보아도 그런 것은 발견되지 않았다. 마침내 그는 자신의 마음이 네 가지 온蘊(쌓임)—감각〔愛〕, 인식〔想〕, 의지〔行〕, 의식〔識〕—으로 이루어져 있는데 그것들 모두가 끊임없이 움직이고 바뀐다는 사실을 알아냈다.

그러던 어느 날 새벽 별을 보는 중에 문득 깨달음을 얻어 '깨친 이' 곧 붓다가 되었다.

무엇이 석가모니가 얻은 깨달음의 내용인가? 그

것은 무상無常의 진리를 꿰뚫어본 통찰이었다. 불교에서 다르마Dharma라고 하면 그것은 곧 궁극 진리인 무상을 가리킨다. 그는 이 우주 안에 있는 모든 것들이 끊임없이 움직이고 바뀌고 흘러가기 때문에 아트만 같은 영원한 본체entity를 상상하는 것이 잘못임을 알아냈다. 무상의 진리는 그가 자신의 '자아'로 여기고 있던 것을 완전히 깨뜨려 버렸다. 그리고 그를 텅 비워 버렸다. 그러자 무상의 진리가 그의 온몸에 배어들었고 마침내 그와 하나로 되었다.

석가모니는 그때 얻은 깨달음을 두고 이렇게 말한다.

"내 생애는 이미 다 끝났다. 성스러운 일은 이미 완성되었다."

이 말 속에는 그의 깨달음에 내포되어 있는 두 가지—부정적이고 긍정적인—진실이 담겨 있다. 첫 문장은 무상의 진리가, 여기서는 부정적인 힘으로, 그가 소중하게 여기던 모든 것을 깨뜨려 버린 사실을 암시한다. 그는 어떤 생각도, 관념도, 견해도, 자기사랑이나 자기만족도 지속될 수 없음을 깨달았다. 이 깨달음에서 그는 정신적 죽음을 경험했다. 두 번째 문장은 같은 진리가, 여기서는 긍정적인 힘으로, 어떻게 그의 삶에 놀라운 현실을 가져다주는지를 보여주고 있다. 그는 이제 이 세상을, 끊임없이 새롭게 창조되는 세계로 본다. 그리고 거기 있는 모든 것들을, 세계를 창조하는 구성분자들로 본다. 이 깨달음으로 그는 정신적 회생回生, rebirth을 경험한다.

그의 선언들은 그가 참으로 겸허한 사람이 되었음을(무상의 진리가 그에게 있는 모든 것을 흩어버렸으므로) 보여주면서 참으로 활기찬 사람이 되었음을(같은 진리가 그에게 자유롭고 활기 넘치고 창조적인 삶을 열어주었으므로) 보여준다. 진리를 몸으로 구현함으로써 석가모니는 겸허하고 활기찬 삶을 살았다. 여기서 불교의 핵

심은 석가모니가 '어떻게' 살았느냐에 있지 그의 생각
이나 관념 등에 있지 않다는 점을 주목하는 것이 중요
하다. 불교가 널리 퍼지고 많은 사람이 거기서 의지처
를 찾은 것은 그의 겸허하고 활기찬 정신의 질質. spiri-
tual qualities 때문이었다고 봐야 한다.

마이다는 아케가라수에게서 같은 정신의 질을 보
았다. 그에게서 무상의 진리를 본 것이다. 열여덟 살
나이로 처음 아케가라수의 법회에 참석했다가 마이다
는 그 선생에 의해 간담이 서늘할 만큼 크게 놀랐다.
강당에 들어와 자리에 앉은 아케가라수가 큰 소리로
말했다. "거기 공책과 연필을 가져온 사람들, 당장 나
가시오!" 그런 다음 선생은 회중에게, 불교에서 중요
한 것은 기록되거나 기억된 관념이 아니라 '섬광閃光'
이라고 가르쳤다. 마이다는 술회한다.

"석가모니는 이 세상에서 어떤 진리를 찾아냈던가?
그는 한 가지 진리를 찾아냈다. 그리고 그것을 '무상'이

라 불렀다. 무상은 당신이 움켜잡을 수 없는 어떤 것이
다. 만일 당신이 어떤 물건을 잡는다면, 그것은 더 이상
무상이 아니다. ……그러므로 세상에 고정된 무엇이 있
다면, 무상의 진리가 있을 수 없는 것이다. 이 진리는
오직 '섬광flash'으로만 묘사될 수 있다.

　……나는 그[아케가라수]에게서 진리는 섬광이라
는 말을 직접 들었다. 그는 자기 앞이마를 가리키며 이
렇게 말했다.

　'만일 그대들이 내 이야기를 듣는 중에 진리의 날카
로운 섬광을 본다면 그게 바로 그것이오. 그러면 사흘
저녁 이 법회에 참석한 것이 시간 낭비는 되지 않을 것
이오.'

　이 말을 들을 때 나는 내가 소중히 여겨 온 것들이
모조리 나한테서 떨어져나가는 것을 느꼈다."

　마이다는 아케가라수를 이해하려면 무상의 진리
를 잘 파악하는 것이 요점이라고 말한다. 왜냐하면 아

케가라수 자신이 바로 그 진리의 구현이기 때문이다.

"아케가라수 스님은 근엄하거나 딱딱해 보이는 설
교자는 아니었지만 자신의 작고 유한한 자아에게 '됐
다'고 말한 적이 없었다. 자신의 자아를 인정하기는커
녕 순간마다 자신의 자아들selves을 차례로 부수어 나
갔다. 그는 1초도 한 곳에 머물러 있지 않았다. ……그
는 아무것도 소유하지 않았다. 이 세상에서 물건을 소
유하기는커녕, 끊임없이 차례로 무엇인가를 소유한 자
아들을 던져버렸다. ……그가 살았듯이 그렇게 살아감
으로써 사람은 스스로 무상의 진리가 되는 것이다. 아
케가라수 스님은 석가모니가 가르친 '무상'의 구현
embodiment이었다."

불교의 선생은 무상의 진리를 몸으로 구현하고 그
것을 입증한다. 학생이 선생에게서 배워야 할 유일한
진리가 그것이다. 마이다는 선생한테서 그것을 배우

는 데 자신의 전 생애를 바쳤다.

3. 선생은 참된 학생이다

우리는 모든 선생의 모델인 석가모니 몸에 무상의
진리가 배어들었다고 말했다. 그 진리는 활기차게 정
진하는 힘이기에, 그것이 한 인간의 몸에 배어든다는
말은 그가 활기찬 구도자요 학생이 되는 것을 뜻한다.
그 진리가 몸에 배어든 사람이 지닐 유일한 생활양식
은 학생의 생활양식이다. 그러므로 석가모니가 깨달
음을 얻은 순간에 선생보다는 학생이 되었다고 말하
는 게 더 정확할 것이다.

무상impermanence과 학생 됨studentship은 동의
어다. 전자는 진리 자체고 후자는 진리가 한 인간의
생활양식으로 바뀔 때에 갖추어지는 모습(꼴)이다. 우
리 몸에 무상의 진리가 배어들 때에 우리가 해방되듯

이, 참된 학생으로 살아갈 때 우리는 자유로워진다. 불교에서 참된 학생으로 살아감은 해방을 위한 여러 조건들 가운데 하나가 아니다. 그것은 해방 바로 그것의 내용이다.

불교의 핵심이 학생정신student spirit에 있으므로 우리는 불교를 참학생으로 살아간 사람들의 전통이라고 말할 수 있다. 진정한 불교인은 모두 자신을 학생으로 여긴다. 그들 가운데 누구도 선생을 자처하지 않는다. 그런 뜻에서, 불교 역사에는 선생이 존재하지 않는다.

그러나 불교에서 어떤 불교인들이 선생으로 불린 것은 사실 아닌가? 그렇다면, 불교에서 선생이란 무엇인가? 선생으로 불린 사람은 실제로 완전한 학생perfect student이다. 완전한 학생정신을 구현하는 사람은, 그처럼 되고 싶어 하는 이들에게 모범이 된다. 그래서 그를 닮고자 하는 자들이 그를 선생이라고 부르는 것이다. 그들에게는 모델인 그가 보통 학생 이상

以上으로 보이기에 그래서 그를 선생으로 모신다. 그러므로 '선생'은 오직 학생의 마음에만 존재할 뿐, 모델이 된 본인의 마음에는 존재하지 않는다. 만약에 선생으로 불리는 자가 스스로 자기를 선생이라고 여긴다면 그는 자신을 속이고 있는 것이므로 모범학생 될 자격조차 없다.

불교 역사를 관통해 불교인들은 그들의 선생한테서 보는 완전한 학생 됨을 선망羡望해 왔다. 그들이 배우고자 한 것은 완전한 학생이 되는 것이었다. 그러므로 '붓다'와 '완전한 학생'은 동의어다. 붓다로 불린 이들 모두가 완전한 학생들—겸허하고 활기찬 구도자들이었다.

여기서 석가모니불佛과 아미타불의 차이에 대해 몇 마디 해야겠다. 석가모니는, 앞에서 보았듯이, 완전한 학생의 역사적historical 원형이었다. 그런데 아미타는 완전한 학생의 상징적 또는 보편적symbolic or universal 원형이다. 석가모니 타계 뒤에 인도 사람들이 그렇게 생각했다. 아미타 사상의 바탕이 되는 경은 『무량수경無量壽經』이다. 거기에는 법장法藏이란 이름을 가진 한 학생이 끝없이 길을 찾는 구도자 정신을 잘 보여주고 있다. 이윽고 자신의 불성佛性. Buddha-hood(또는 완전한 학생 됨)을 성취했을 때 그는 아미타바Amitābha라는 이름의 붓다가 된다.

정토종에는 또 하나 중요한 개념이 있다. '신심信心'(순수한 믿음)이 그것이다. 그것은 한 학생이 아미타의 학생정신에 자신을 일치시키는 것을 가리킨다. 한 학생이 아미타의 정신을 만나 이끌림을 받고 드디어 그것과 하나로 될 때, 그는 해방을 경험한다. 그의 마음 깊은 데서 우러나는 감사의 표현—아미타의 이름을 음송함(나무아미타불)—을 일컬어 '염불念佛'이라고 한다.

정토종의 스승들은 신심(또는 염불)을 불교의 가장 중요한 요소로 생각한다. 왜냐하면 거기서 해방을 경험했기 때문이다. 예컨대, 호넨法然은 선도善導(613~

681, 중국 정토종을 완성한 인물)의 저술에서 아미타의 정신을 보고 그의 학생이 됨으로써 아미타의 정신과 하나 되었을 때 해방을 경험했다. 호넨의 표어는 '선도에게 오로지 의존함'이었다.

마찬가지로 신란은 호넨한테서 아미타를 보았고 그의 학생이 되었을 때 해방을 경험한다. 유이엔보 같은 사람들도 신란한테서 겸허한 정신을 보고 그의 학생이 되었을 때 똑같은 경험을 한다.

몇몇 사람이 신란을 선생으로 불렀지만, 신란 본인은 결코 자기가 그들의 선생이라는 생각을 하거나 그들을 제자로 여기지 않았다. 그는 그들을 동행同行으로, 동붕同朋으로 불렀다. 그가 얼마나 겸허하게 자신을 다만 하나의 학생으로만 여겼는지는 그가 쓴 한 줄 문장에 잘 표현되어 있다.

"나에게는 제자가 한 명도 없다."

근대 일본에서는 아케가라수가 기요자와를, 그에게서 아미타를 보았으므로, 선생으로 모셨다. 기요자와는 끊임없이 진리를 찾는 가운데 40여 년 짧은 생애를 마쳤다. 그가 아케가라수에게 "죽어도 설교하지 말라!"고 했을 때, 결코 선생이 되지 말 것과 한평생 학생으로 남아 있을 것을 가르쳤던 것이다.

열여덟 살 마이다가 아케가라수에게서 본 것이 바로 이 완전한 학생정신—인간의 생활양식으로 바뀐 진리—이었다. 마이다는 선생의 겸허하고 활기찬 정신에 압도당했다. 운명적인 만남이 있은 뒤로 마이다의 인생은 그가 선생한테서 본 학생정신을 배우는 과정의 연속이었다.

4. 선생은 목적goal이 아니라 안내자다

앞에서 선생의 중요성을 강조하긴 했으나, 우리는 한편으로 선생은 목적이 아니라 안내자임을 주목해야 한다. 그는 학생으로 하여금 진리를 얻도록 또는 완전한 학생이 되도록 돕는 사람이다.

전기제품에 전기를 이어 주는 전깃줄처럼 선생은 학생을 진리에 이어 줄 따름이다. 전깃줄이 제가 전기를 일으킨다고 주장할 수 없듯이 선생도 자기가 진리를 발명했다고 주장할 수 없는 것이다.

비록 석가모니를 해방자liberator로 잘못 인식한 사람들이 있긴 하지만 그는 실제로 해방된 사람liber-ated person이었고 스스로 해방자를 자처하지도 않았다. 그 대신 그는 진리가 자기를 깨우쳤으며 해방시켰다는 점을 강조했다. 그래서 그는 죽는 자리에서 이러한 유명한 말을 남겼던 것이다.

"사람을 의지처로 삼지 마라. 오직, 다르마를 의지처로 삼아라!"

마이다는 선생한테서 한 인간의 자질이 아니라 진리를 보는 것이 중요함을 강조한다.

"이른바 '선생에 대한 그릇된 의존'은 선생에게서

다르마를 보지 않을 때에 발생한다. 선생한테 있는 가장 소중한 것은 다르마다. 그의 인격이나 개인의 자질 따위가 아니다. ……우리는 선생이 당신 몸으로 구현하고 있는 다르마로 곧장 나아가야 한다. 우리는 인간이 아니라 다르마를 보아야 한다. ……

여기서 말하는 다르마는 우주의 위대한 생명the great life of the universe이다. 이것이 우리가 눈길을 모아서 보아야 할 대상이다. 이것이 우리가 의존할 대상이다. 그것은 사람이 아니다. 선생은 우리에게 '내게로 오라!'고 말하지 않는다. 그는 언제나 우리에게 '나를 통해서 다르마로 나아가라!'고 말한다. 이 사실을 한순간도 잊지 말아야 한다. 선생은, 그것을 통해서 다르마—우주의 생명—가 우리와 연결되는, 열려있는 통로다."

선생의 본질은 무상無常 또는 완전한 학생 됨studentship이다. 진리가 선생을 해방시킨 것이고 선생은 바로 그 진리를 학생과 더불어 나누고자 하는 것이다. 그러므로 학생이 마침내 진리로 인도되어 진리와 하나 될 때 선생과 제자는 완전히 하나가 된다. 둘이 함께 힘껏 배워 나가는 것이다. 선생과 학생의 상호관계가 그들 사이에서 지속되지 않는다. 학생이 선생에게 종속되는 일도 없다.

　아케가라수는 더 이상 선생·학생 관계는 없고 오직 진리가 있을 뿐인 마지막 경지를 아래의 짤막한 시로 그렸다.

　　넘겨 줄 '나의 다르마(法)'가 없네.

　　'나의 학생'도 없네.

　　높은 하늘 반짝이는 별들이 있을 뿐.

　마이다가 아케가라수에게 감사하는 까닭은 그가 자기를 무상으로, 참된 학생 됨으로 이끌어 주었기 때문이다. 아케가라수는 마이다가 자기에게 종속되는 것을 허용하지 않았다. 아케가라수는 선생으로 처신하지도 않았고 마이다를 자기 학생으로 대하지도 않았다. 선생은 오직 학생으로 살았고, 마이다에게도 학생으로 살 것을 바랐다. 그리하여 진리를 깨닫고 진리와 하나 되기를 희망했을 뿐이다.

선생의 가장 중요한 사명은 학생으로 하여금, 선생한테서조차, 참되게 홀로서기를 도와주는 것이다. 그는 학생이 저 자신으로 되는 것을 기뻐한다. 우리는 선생이 학생의 홀로서기를 실현하는 문제에 관하여 뒤에 다시 말하게 될 것이다.

5. 선생은 절대부정으로 가르친다

우리는 무상의 진리가 지닌 두 가지—부정적, 긍정적—기능에 대해 말했다. 선생은 자기 몸으로 진리를 구현하고 있기 때문에 그의 기능 역시 두 가지다.

부정하는 것과 긍정하는 것이 그것이다. 여기서는 우선 선생이 학생에게 행사하는 부정적 기능을 생각해보겠다. 그런 다음에 그의 긍정적 기능을 살펴볼 것이다.

선생은 그가 지니고 있는 것에 종속하는 제자를 대해 '부정否定'으로 선생 노릇을 한다. 그는 학생이 소중히 여기는 것을 모두 부수고 부정하고 빼앗는다. 바로 이것이 마이다가 열여덟 나이로 아케가라수를 처음 만났을 때 겪은 일이었다.

마이다는 그때 겪은 선생의 부정을 순수종교체험이라고 부른다.

"학생과 선생의 진정한 만남은 오직 한 가지를 의미한다. 그의 인격이 선생 앞에서 산산조각 깨어지는 것이다. 한 인간의 모든 것이 한꺼번에 사라져 없어지는 것 말고 다른 무슨 순수종교체험이 있겠는가? 학자들의 머리에서 인식되는 종교체험이란, 그것이 어떤 것이든, 아무 의미가 없다."

마이다는 호넨과 신란 사이에 있었던 부정에 대

해, 만일 그것이 없었다면 신란은 신란이 되지 못했을
것이라고 주장한다.

"신란은 호넨 밑에서 3년 동안 공부했다. 그 기간에
얼마나 지독하게, 얼마나 가차 없이, 호넨이 신란을 날
마다 순간마다 부수었던가! 그것을 생각하면 몸을 떨
지 않을 수 없다. 그러나 그것이 없었더라면, '홀로 선
사람' 신란은 태어나지 못했을 것이다. 신란이 호넨을
평생 스승으로 받들어 섬긴 것은 그의 모든 것이 호넨
에 의해 완전히 깨졌기 때문이다."

마이다는 기요자와에 의해 아케가라수의 인격이
부서진 것에 대해서도 말한다.

"아케가라수 스님은 도쿄 고코도 의숙義塾에 살던 3
년 동안 날마다 밤마다 기요자와 만시 스님의 정신적
몽둥이에 부서졌다. 단 한 번도, 기요자와 스님은 아케

가라수의 생각에 동의하지 않았다."

마이다는 '좌탈坐脫', '아케가라수 스님과 기요자
와 스님' 같은 에세이에서 자신이 아케가라수한테 당
한 철저한 부정을 회고한다.

마이다는 이 '부서지는 경험'이 그의 생애에 있어
가장 중요한 것이었다고 믿는다. 그 경험은 그로 하여
금 그동안 소중히 여겨온 것들의, 그것이 자만심이든
사상이든 이념이든 간에, 그 모든 것의 허무를 깨닫게
했다. 그것은 그로 하여금 자신의 존재 자체가 무의미
한 것임을 보게 했다. 한마디로 그것은 그를 겸허하게
만들었다. 아울러 그를 활기 있게 만들었다.

이제 선생의 부정에 내포되어 있는 긍정적인 면을
알아보자.

6. 선생은 학생의 자유, 홀로서기, 창조를 실현한다

선생은 학생한테서 그가 지니고 있는 모든 비본질적 포장을 벗겨 버린다. 그러나 그의 부정은 동시에, 학생 내면에 숨어 있는 깊은 실체를 표출시킨다. 마이다는 말한다.

"아케가라수 스님은 기요자와 스님과 함께 사는 동안 순진純眞해졌다. 본디 빛나는 아케가라수가 기요자와에 의해 그 모습을 드러낸 것이다."

선생에 의해 학생 자신의 '본디 빛나는' 모습이 드러날 때 그의 삶은 자유, 홀로서기, 창조와 같은 긍정적 가치를 지니게 된다. 이제 그 세 가지 가치들에 대해 생각해 보자. 선생이 학생에게서 실현하는 그 가치들은 기본적으로 학생이 무상의 진리와 하나 된 데서 오는 것들이다.

〔자유〕

마이다는 인생에 있어 가장 중요한 가치를 '자유 freedom'로 본다. 그는 그것을 "값이 없는 보물"이라 부른다. 불교의 모든 가르침이 그것을 얻기 위해 고안되었다.

마이다에 따르면, 자유는 자기 자신이 되는 자유를 의미한다. 선생에 의해서 자신의 모든 것이 부서질 때 학생은 스스로 만든 아상我相에서 해방되어 본연의 자기what he really is로 돌아간다. 이런 경험을 일컬어 자유 또는 자기로부터의 해방 또는 무아無我라고 한다. 마이다는 아케가라수의 자유로운 삶에 대해 말하고 있다. 그것은 선생에 의해 실현된 자유다.

"아케가라수 스님의 겉모습은 조금도 무겁거나 엄숙하거나 굳어 있지 않았다. 그는 선생의 얼굴을 하고 있지 않았으며 다른 어떤 얼굴도 하지 않았다. 그는 우리를 진짜 어수룩한 보통 사람으로 만났다. 그에게서는 불교 냄새도 나지 않았고 도덕군자의 냄새도 나지 않았다. 그는 그냥 그였다. 그냥 사람이었다. 그냥 자기 자신이었다. 그것이 곧 해방이요 자유다. 그것을 떠나 어디에서 우리의 옹근 자유를 찾을 수 있겠는가?"

완전히 자유로워진 아케가라수는 주변에 자유로운 분위기를 만들어 내지 않을 수 없었다. 선생과 가졌던 자유로운 분위기에 대해 마이다는 말한다.

"그런 분이었기에 나는 그를 만날 때 아무것도 보류할 필요가 없었다. 무엇이든지 말하고 싶은 대로 선생에게 말할 수 있었다. 우리 사이에는 언제나 봄기운 같은 분위기가 서려 있었다. 그 앞에서 내가 특별한 존재로 되어야 할 이유가 없었다. 나는 항상 '무無'인 선생을 만났다. 만일 그가 나한테서 무슨 중요한 것을 보았다면, 나한테서 무슨 중요한 것을 보는 유한한 선생으로 현존했을 것이다. 그러나 사실은 전혀 그렇지 않았다. 그래서 나는 마음 내키는 대로 자유로이 처신할 수 있었다."

"나는 아케가라수 스님이 나에게 절대자유를 준 데 대해 크게 감사드린다. 나는 그에게 아무 빚진 것이 없다. 내가 그의 학생이기 때문에 따로 해야 할 일이 하나도 없다. 내가 나 자신이면 그것으로 충분하다. 내가 나 자신인 것 말고 무엇을 할 수 있겠는가? 나는 남들에게 물려줄 그 어떤 다르마도 선생한테서 전수받지 않았다. 나는 그냥 나 자신으로 살 뿐이다."

마이다는 아케가라수에게서 받은 자유에 대한 궁극의 가르침을 이렇게 요약한다.

"아케가라수 스님은 언제나 내 귀에 속삭였다. '아

무엇도 염려할 것 없네. 자네가 하고 싶은 대로 하는
게 좋아.' 이것이 내가 그에게서 들은 불법佛法이다."

〔홀로서기〕

선생의 부정은 학생을 자유롭게 하면서 아울러 그
를 홀로 서게 한다. 선생이 학생으로 하여금 자기를
잃어버리고 선생이 당신 몸으로 구현하는 진리(또는
우주의 생명)와 하나 되게 할 때, 학생은 홀로 선 인간
이 된다고 마이다는 말한다.

"학생이 선생 앞에 무릎 꿇을 때, 자신의 전 생명을
그 앞에 던져 버릴 때, 학생은 더 이상 자기 삶을 살지
않는다. 다만 우주의 생명이, 선생의 삶에 완전히 녹아
들어간 학생의 삶이 있을 뿐이다. 어떤 학생이 '나 없
는 삶'을 살기 시작할 때 우리는 비로소 그가 홀로 선
인간의 길을 혼자서 걷고 있다고 말할 수 있다."

선생은 학생의 모든 것을 부정한다. 학생이 자기한테 종속되는 것조차 용납하지 않는다. 그는 학생으로 하여금 오직 진리와 하나 되게 한다. 그 결과 학생은 진리가 속속들이 배어든 자신의 삶을 옹글게 살아간다. 그것을 일컬어 '홀로서기'라 한다. 마이다는 '독존獨存. alone-ness'을 말하는데 그것은 아케가라수가 홀로서기의 동의어로 사용한 단어였다.

"기요자와에 의해 철저하게 부정된 아케가라수에게는 기요자와까지도 남아 있지 않았다. 아케가라수는 오직 자신을 예배했다. 그가 말했다. '내 종파는 아케가라수 학파Akegarasu School다. 내가 그 종파의 유일한 추종자다. 그것을 세상에 퍼뜨릴 필요가 없다.' 그는 힘 있게 외쳤다. '천상천하에 오직 나의 독존獨存이 존尊하다!(My aloneness is noble.)' 아케가라수 스님은 당신 스스로 당신의 삶을 살았다."

이 세상의 모든 상대적 가치들로부터 해방되어 자신만의 절대세계로 들어간 자유인自由人 아케가라수는 진정 홀로 선 인간이었다.

마이다는 홀로서기의 중요성을 마음 깊이 새겼다. 그리하여 자기 선생의 모범을 따르면서 홀로서기로 통하는 오솔길을 걸어갔다.

〔창조〕

마이다는 창조creativity의 바탕인 '배움'의 중요성을 강조한다. 학생은 선생한테 철저하게 배운 뒤에야 무엇인가를 새롭게 창조할 수 있다. 마이다는 말한다.

"귀에 들리는 것을 조용히 듣고 신중하게 생각하는 것이야말로, 사람으로 하여금, 일부러 노력할 것 없이, 창조의 첫 발을 떼어 놓게 하는 유일한 일이다. 새로운 생각을 하는 일보다 귀 기울여 듣는 일에 더 중점을 두어야 한다. 창조는 배움에서 절로 나온다."

마이다는 정신발달spiritual development의 마지막
경지를 '독자적 성취personal attainment'의 경지라고
부른다. 거기에 이르러 사람은 자신의 독특한 세계로
들어간다. 마이다는 그것이 곧 "선생 없이 혼자서 깨
달음을 이루는" 경지라고 설명한다. 이 전통적인 구절
("선생 없이 혼자서 깨달음을 이룬다.")은 선생이 중요하
지 않다는 뜻이 아니라 학생이 선생한테서 모든 것을
철저히 배워 자신만의 세계를 만들어 간다는 뜻이라
고 마이다는 말한다.

마이다는 석가모니와 신란 같은 위대한 개인들
individuals이 모두 선생 없이 혼자서 깨달음을 성취했
다고 믿는다. 예컨대 신란에 대해 마이다는 이렇게 말
한다.

"신란의 선배들은 나름대로 저마다 깨달음의 세계
를 이루었다. 신란은 그 모든 선배들에 온전히 둘러싸
여, 홀로 선 인간으로서, 자신의 깨달음을 이루었다.

······신란은 정토종의 선배들한테서 모든 것을 배웠고
그리고 그들을 넘어서 자신만의 독특한 깨달음의 세계
를 이루어 냈다."

신란은 한 평생 호넨의 충실한 학생이었다. 그러
나 이 말은 그가 선생의 불교 이해를 앵무새처럼 되풀
이했다는 의미가 아니다. 오히려, 신란은 선생의 가르
침을 철저히 탐색해 스스로 자신의 독특한 정신세계
를 창조해 낼 수 있었다.

기요자와, 아케가라수, 마이다, 이들 모두 겸손한
학생정신을 가지고 존경하는 선생들한테 배워서 자신
만의 독특한 정신세계를 발전시켜 나갔던 것이다.

7. 참선생은 해방 경험 뒤에 인식된다

마지막으로 참선생에 관해 얘기해 보자. 우리가

선생의 중요성을 강조할 때 곧장 "누가 참선생인지 아
닌지 우리가 어떻게 아는가?"라는 질문이 나오게 마련
이다. 마이다는 대답한다.

"내가 내 처지에서 어떤 사람이 참선생인지 아닌지
를 과연 말할 수 있는 것일까? 예컨대, 내가 A, B, C
세 후보 중에서 참선생을 가려 뽑을 수 있는 것일까?
사실을 말한다면 나는 아직 무엇이 참인지도 모르고
있다. 그런데 어떻게 내가, 아직 무엇이 참인지도 모르
는 내가, 어떤 선생이 참선생인지 아닌지를 결정할 수
있단 말인가? 그것은 자기가 객관적 논리로 여러 후보
를 비교 평가함으로써 그들 가운데서 참선생을 선택할
수 있다고 생각하는 자가 저지르는 전형적인 오류다."

여러 경쟁자들 가운데서 승자를 가려내는 일이라
면 자신의 판단을 신뢰할 수 있을 것이다. 그러나 자
기보다 큰 사람인 선생을 평가하는 일에 학생이 자신

의 변덕스러운 기준을 사용할 수는 없는 일이다. 선생에 의해서 깨어져야 할 변덕스러운 기준을 가지고 누가 참선생인지를 어떻게 말할 수 있겠는가? 마이다는 이 점이 신란의 경우 어떻게 적용되는지를 말한다.

"신란의 눈이 욕망과 정열로 온통 흐려져 있기에 그의 눈에 비친 호넨의 상像은 흐릿하고 몽롱하다. 신란이 색안경을 쓰고 있기에 그가 보고 있는 호넨은 같은 색깔이다."

신란은 자기 선생을 제대로 보기 위하여 색안경을 써서는 안 된다. 하지만 사람이란 누구를 보든지 간에 이미 편견의 색깔에 물들어 있는 존재를 보고 있는 것이다.

그러면 우리에게 누가 참선생인지를 판단할 수 있는 길이 전혀 없는 것일까? 마이다는 한 가지 길이 있다고 말한다. 학생이 선생과 하나 됨 또는 선생을 '믿

는 마음[信心]이 그것이다. 여기 '하나 됨'이란 학생의
자아가 선생에 의해 철저하게 부정되고 삼켜져서 마
침내 그와 하나로 된, 그리하여 더 이상 그가 참선생
인지 가짜 선생인지를 말할 수 없게 된 상태를 말한
다. 학생의 판단이 아니라 이와 같은 '하나 됨'만이 그
의 선생이 참선생임을 학생에게 입증할 수 있다. 마이
다는 말한다.

"참선생이 존재하는 것은 우리가 어떤 사람을 참선
생으로 인정해서가 아니다. 학생과 선생이 하나 될 때,
그래서 자기 선생이 진짜인지 가짜인지를 학생이 말할
수 없게 될 때…… 그때 그가 참선생이라는 사실이 절
로 밝혀지는 것이다."

신란의 경우, 그와 호넨의 하나 됨만이 그에게 호
넨이 참선생임을 입증할 수 있다. 다른 말로 하면 참
된 학생의 존재만이 그에게 참된 선생의 존재를 입증

할 수 있는 것이다. 우리는 신란 본인의 말에서 그와 선생이 하나 되었음을 볼 수 있다.

"좋으신 분[호넨]이 말씀하셨습니다. '다만 염불을 함으로써 아미타불의 구원을 입어야 한다.' 나 신란은 그분의 말씀을 받아들여 그렇게 믿을 따름입니다. 그뿐입니다.

염불을 하는 것이 과연 정토에 왕생할 인因인지 아니면 지옥에 떨어질 업業인지, 나는 모릅니다. 비록 호넨 성인한테 속아서 염불을 했다가 지옥에 떨어진다 하더라도, 나는 후회하지 않을 것입니다."

우리는 마이다한테서도 같은 '하나 됨'을 볼 수 있다. 열여덟에 처음 선생을 만난 뒤로 숨이 질 때까지 40여 년 세월을 마이다는 자기 선생에 대한 이해를 깊게 하는 일에 매달렸다. 마이다는 죽기 두 달쯤 전 이런 글을 남겼다.

"나는 아케가라수 스님을 만날 수 있었다. 나에게는 그를 떠나서 다른 불법佛法이 있을 수 없다. 그가 불법이다. 그가 석가모니 자신이다. 만일 이 생각이 잘못된 것이라면 나의 일생도 실패작이다. 그래도 좋다. 나는 만족하면서 죽을 것이다."

이 고백은 마이다의 신심을 보여준다. 그는 선생한테 배우는 일에 일생을 바쳤고 그 점에 대해 스스로 큰 기쁨과 행복을 느끼고 있다. 이 고백은 또한 마이다가 평생토록 참학생으로 살았으며 아케가라수가 그의 참선생이었음을 보여주고 있다.

1991년 6월 12일
캘리포니아 버클리에서
하네다 노부오

＊ 이 책은 마이다 슈이치가 일본어로 쓴 『如是我聞』을 하네다 노부오가 영어로 번역한 『Heard by Me-Essays on My Buddhist Teacher』을 한글로 발췌 번역한 것이다.

무상을
無常
만나던 날

저는 이시카와 현 가나자와 시에서 왔습니다. 아케
가라수 하야라는 불교 선생님 한 분이 가나자와 부근
에 사셨어요. 여러분도 그분 얘기를 들으셨을 것입니
다. 그분은 진종불교眞宗佛敎에 속한 스님이셨지요. 선
생님 가신 지 13년이 되는군요. 올해 우리는 그분의
13주기 기념 법회를 가질 예정입니다. 저는 불교에 대
해, 특히 신란親鸞의 가르침에 대해, 아케가라수 스님
한테서 처음으로 배웠습니다. 그러므로 저는 아케가
라수 스님의 가르침에 따라서만 불교에 관하여 말씀
을 드릴 수 있습니다.

중학교 4학년을 졸업한 뒤 저는 대학에 진학해 전
기공학을 공부할 생각으로 시코 고등학교 과학부에
들어갔습니다. 그런데 고등학교 2학년 때 가나자와 시
민회관에서 열린 아케가라수 스님의 강연에 참석했지

요. 거기서 스님은 '정토삼부경淨土三部經' 가운데 하나
인『무량수경無量壽經』몇 구절을 강의하셨습니다.

돌이켜보건대, 그날 아케가라수 스님의 강연을 들
음으로써 제 인생이 완전히 바뀌었다고 말씀드릴 수
있겠습니다. 덕분에 저는 학문에 흥미를 잃어버렸으
니까요. 고등학교를 졸업하자 부모님이 "고등학교를
마쳤으니 이제 대학에 들어가서 공부를 계속하는 것
이 좋겠다"고 하셨습니다. 사실 달리 무슨 할 일도 없
기에 교토 대학 철학부에 들어갔지요. 그 학교에서는
역시 이시카와 현 출신이신 니시다 기타로 박사님이
철학을 가르치고 계셨습니다.

대학에는 들어갔지만 학술적 연구에 더 이상 열심
을 낼 수 없었어요. 저는 대학 생활 3년을, 철학 공부
따위 밀쳐두고, 빈둥빈둥 보냈습니다. 마침내 학교 당
국은 '이 친구 여기서 아무것도 이룰 수 없을 것 같으
니 가능한 대로 빨리 쫓아내는 것이 낫겠다'고 판단했
던 모양입니다. 그래서 저를 졸업시켰지요.

저는 대책 없이 불량한 학생이 되었던 것입니다. 그리고 그것은 순전히 고등학교 2학년 때 사흘 밤 계속된 아케가라수 스님의 강연을 들은 덕분이었어요. 그 강연을 들은 뒤로 제 인생이 엉뚱한 방향으로 흘러가기 시작했던 겁니다. 지금도, 그 연장선 위에서, 빈둥빈둥 시간을 보내고 있지요. 저는 만사태평으로 즐거움을 찾는 사람carefree pleasure seeker입니다. 무엇이든 자기가 좋아하는 것을 스스로 즐겁게 하며 삽니다.

예컨대, 어제 저는 니시 미노아에 있는 어느 학교에 그곳 선생님들과 함께 불교를 공부하러 갔는데요, 아침 10시부터 오후 5시 반까지 저의 관심사를 화제로 삼아 그냥 중얼거렸습니다. 빈둥빈둥 엉뚱한 얘기를 늘어놓은 거지요. 시작할 때부터 마칠 때까지 아주 즐거운 시간을 보냈습니다.

제가 이렇게 말하면 여러분은 물으시겠지요. "무엇이 당신으로 하여금 만사태평으로 즐거움을 찾는 사람이 되게 하였나?" 이제부터 말씀드리는 것이 이 질문에 대한 저의 답이 될 것 같군요.

아까 말씀드렸듯이, 저는 고등학교 2학년 때 아케가라수 스님의 '무량수경' 강연에 참석했습니다. 어느 여름날 밤, 한 시간 반 동안 그분 말씀을 들었어요. 앞으로 사흘 밤마다 계속될 강의의 첫 번째 시간이었습니다. 저로서는 처음으로 그분 말씀을 듣는 기회였지요.

강연장에 들어가기 위하여 1원 50전을 수강료로 냈습니다. 그랬더니 『무량수경』 본문을 주더군요. 마룻바닥 얇은 방석에 앉아서 기다리는데…… 그 무렵 아케가라수 스님은 거의 앞을 보지 못하셨으므로 지팡이를 짚고 들어오셨습니다. 그분이 지팡이로 바닥을 두드리며 강단에 오르셨어요. 저는 청중 가운데쯤 되는 자리에 앉아 있었지요. 그분이 강단에 마련된 의자에 자리 잡고 앉는 모습을 보면서 속으로 중얼거렸습니다. '아, 저분이 아케가라수 스님이구나.'

스님은 먼저 장내를 한 번 훑어보셨어요. 이제 생

각해보면, 그때 스님은 이미 시력을 거의 잃어버린 상태였으므로 거기 모인 사람들이 어떻게 하고 있는지 볼 수 없으셨을 것입니다. 그런데 그분이 이렇게 말씀하신 거예요.

"음, 저기, 그리고 저기, 연필하고 종이하고 노트를 들고 있는 사람들, 일어나서 나가 주시오!"

모두들 수강료를 내고 들어온 사람들이었지요. 저만 해도 세 시간 강의 듣는 값으로 1원 50전을 냈으니까요. 그러니까 거기 모인 사람들은 모두 최소한 1시간 수강료 50전을 냈던 것입니다. 그런데 연필과 종이를 가지고 있는 사람은 즉시 일어나서 나가라는 것이었어요.

아케가라수 스님은 강의를 시작하기 전에 그 말씀을 하셨습니다. 저는 고등학교 학생이었어요. 교실에서 선생님 강의 내용을 열심히 받아 적는 게 저의 일이었지요. 아케가라수 스님 말에 어리둥절하지 않을 수 없더군요. 마침 저는 필기도구를 가지고 있지 않았

기에 안도의 숨을 쉬며 속삭였습니다. '나는 안 나가
도 되는구나.' 동시에 생각했어요. '무슨 엉뚱한 말씀
을 하시는 거지?'

아무도 일어나 나가지 않았습니다. 그러자 그분이
말씀하셨지요.

"나가지 않겠거들랑 연필과 종이를 바닥에 내려놓
으시오! 도대체 종이에다 끄적거려서 뭘 하겠다는 겁
니까? 집에 가서 들여다보고 내 말 가운데 분명치 못
했던 점을 짚어 보려고 그런다고요? 그렇지만, 지금
이렇게 얼굴을 마주보고 얘기하는데도 이해 못한 것
을 어떻게 집에 가서 필기한 것을 통해 이해하겠다는
겁니까? 그러니, 여기서 나가고 싶지 않거든 종이하
고 연필을 내려놓으시오."

그런 다음, 당신 이마를 손가락으로 가리키며 이
렇게 말씀하시는 것이었습니다.

"눈길을 어디에 두어야 할는지 모르겠거든 여기를
봐요! 바로 여기, 여기를 보란 말입니다. 앞으로 사흘

저녁 내 말을 귀담아 들어 보시오. 그사이에 여러분은 번쩍하고 빛나는 섬광을 느낄 것이오. 그거면 충분해요. 언제 어떻게 그 빛이 왔는지 기억 못해도 좋아요. 번쩍하는 섬광이 여러분을 치면, 그것으로 충분한 겁니다."

아케가라수 스님은 우리에게, 진리는 섬광이라고 가르치셨습니다. 저는, 무상無常의 진리야말로 그런 것이라고 믿습니다. 이렇게, 강의 제목인 '무량수경無量壽經' 본문으로 들어가기도 전에, 이제 와서 제가 깨닫는 바입니다만, 그분은 강의의 중심 주제를 말씀하셨습니다. 제가 이런 말씀을 드리는 까닭은, 무상의 진리가 석가모니께서 가르치신 유일한 진리요, 아케가라수 스님이 청중에게 당신 강의를 어떻게 들을 것인가에 대해 말씀하실 때 바로 그 진리를 드러내셨다고 생각하기 때문입니다.

석가모니께서 발견하신 진리는 어떤 진리입니까? 그분은 한 가지 진리를 발견하셨고 그것을 '무상'이라

부르셨습니다. 무상은 여러분이 손으로 잡을 수 없는 것입니다. 만일 여러분이 어떤 사물을 잡을 수 있다면 그것은 더 이상 무상이 아니지요. 무상의 진리란, 존재하는 모든 것이 순간순간 바뀐다는 것, 사물과 인간의 마음이 순간순간 바뀌어 1초 동안도 같은 모양으로 머물러 있지 않다는 것입니다. 따라서 무엇이 고정돼 있다면, 무상의 진리 같은 것은 있을 수 없지요. 그 진리는 오직 섬광으로만 묘사될 수 있습니다.

　이곳 나가노 현 사람들 정말 불꽃놀이 좋아하더군요. 저는 이시카와 현 태생입니다만 여기 나가노에서 20년 넘게 살았어요. 제 생각에는 일본에서 나가노 사람들만큼 불꽃놀이 좋아하는 사람들 없습니다. 불꽃놀이의 묘미는 그것이 나타나는 순간 곧 사라지는 데 있다고 봅니다. 만일 불꽃이 어두운 밤하늘에 퍼져 어떤 모양을 오랫동안 보여준다면 불꽃놀이의 맛은 없는 거지요. 찬란한 꽃이 아름답게 피어나는가 하면 이내 자취를 감추고 하늘은 다시 캄캄해집니다. 바로 거기에 사람들이 불꽃놀이를 즐기는 까닭이 있다고 저는 생각합니다.

섬광은 불꽃놀이와 같은 것입니다. 빛나는 순간 사라지는 거예요. 그래서 아케가라수 스님은, "만일 여러분이 말하기를, 내가 이런저런 말을 들었기 때문에 섬광이 다가왔다고 한다면 그런 섬광은 이미 고정된 개념이고 진짜 섬광일 수 없는 것이오" 하고 말씀하셨습니다. 이렇게 저는 그분한테서 직접, 진리는 섬광이라는 말을 들었습니다. 당신 이마를 가리키며 그분은 우리에게 가르쳐 주셨지요.

"내 얘기를 듣는 동안 번쩍 하는 빛을 본다면, 그게 그거요. 그러면 사흘 저녁 이 법회에 참석한 것이 시간 낭비는 되지 않을 것이오."

그 말씀을 들을 때 저는 그동안 소중하게 여기던 모든 것을 한꺼번에 빼앗기는 느낌이었어요. 앞에 말씀드렸듯이 저는 당시 고등학생이었습니다. 학생은 선생의 강의를 꼼꼼히 베껴서 그것들을 잘 기억해야 합니다. 노트 정리를 잘 해 두고 시험지에 정답을 써 넣어야 하지요. 그는 자기가 암기하고 있는 것에 의존합니다. 이런 방식으로 모든 종류의 지식을 쌓아 두는 거예요. 그렇게 축적된 지식을 학문學問이라고 부르지요. 그날 그분의 집회에 참석하기 전까지, 학생인 저에게는 지식의 축적이 가장 중요한 관심사였습니다.

아케가라수 스님 말대로 진리가 섬광이라면, 그렇다면 더 이상 지식의 축적인 이른바 '학문'을 할 이유가 없지요. 저의 학술적 학생정신academic studentship은 그날로 끝장났다고 생각합니다.

아케가라수 스님 강의를 듣기 이태 전에 저는 중학교를 나와 고등학교에 입학했어요. 중학교 때 열심히 공부한 덕분으로 고등학교에 들어가니 선생님들이 매우 기뻐하면서 "올해에는 대단한 물건이 들어왔다"고 말씀하시더군요. 고등학교에서는 별로 공부를 하지 않았는데도 성적이 좋았습니다. 특히 영어와 수학 점수가 높았지요. 그런데 2학년 때 아케가라수 스님의 강의를 들은 후 갑자기 문제학생이 된 것입니다. 진리가 섬광이라는 말을 듣고부터, 기억된 지식에 바탕을 둔 학문이라는 것이 더 이상 의미가 없게 되었습니다. 아무도 저를 모범학생이니 천재니 하고 불러주지 않더군요.

그렇게 고등학교를 졸업하고 대학 철학부에 들어갔지요. 철학 역시 학문인데, 학문을 경멸하는 제가 그것을 제대로 공부할 수 있겠습니까? 저같이 형편없는 학생이 어떻게 대학을 졸업하고 학위까지 받게 되었는지, 그게 지금도 궁금합니다.

현직 교사인 여러분에게 이런 말씀을 드리기가 좀 망설여지기는 합니다만, 대학 졸업반이었을 때 저는 마땅히 교토에 있어야 할 몸이 실은 다른 곳에 있었어요. 6개월간 저는 교토에 있지 않았습니다. 어디에 있었느냐 하면, 와카야마 현의 시오노 미사키 곶(혼슈 섬 남쪽 끝에 있는 해변마을)에 있었지요. 그곳 주민들이 저를 불쌍한 눈으로 보면서 이렇게 수군거리고 있었음을 나중에 알게 되었습니다. "저 젊은 학생은 신경쇠약에 걸린 걸까? 아니면 실연이라도 한 걸까?"

저는 신경쇠약에 걸린 것도 실연을 한 것도 아니었어요. 여섯 달 동안 그곳에서 매우 행복한 세월을 보냈지요. 3월에 들어서면서(그곳 3월은 아직 겨울입니다) 바다에 들어가 헤엄을 쳤어요. 저는 수영을 좋아합니다.

그때 저는 대학 철학과 졸업반이었어요. 논문을 쓰고 좋은 성적으로 졸업을 해야 마땅한 처지에 완전히 공부를 접어두고는 불쑥 시오노 미사키 곶을 찾아간 것입니다.

저는 오사카의 템포 산 피에르에서 구시모토까지 가는 1200톤 증기선에 몸을 실었습니다. 구시모토 여관에서 어떤 사람한테, 시오노 미사키 마을에 제가 머물 만한 장소가 있겠는지 물어봤지요. 그가 대답했습니다. "많은 화가들이 시오노 미사키를 찾아오지요. 그들이 묵는 하숙집이 여럿 있어요. 거기 가서 물어보면 괜찮은 집을 찾을 수 있을 것이오." 그가 가르쳐준 대로 가서 알아 봤더니 과연 하숙집이 있더군요.

거기서 여섯 달을 보냈습니다. 매일같이 바다에 가서 헤엄을 쳤지요. 그곳에 가 보신 분은 아시겠습니 다만, 미사키 곶 오른쪽에 너른 풀밭이 있습니다. 그 풀밭을 따라 곧장 가면 숲이 있지요. 누가 보면 숲에서 참선이라도 하는 것처럼 보였겠지만 저는 그냥 앉아서 이런저런 잡생각을 굴리고 있었지요. 낚시하는 젊은이 들과 어울려 재미있는 시간을 보내기도 했습니다.

제 부모님이 얼마나 실망이 크셨겠습니까? 자식 이 대학에서 열심히 공부하기를 바라고 있는데 막상 본인은 엉뚱한 곳에서 어슬렁거리며 놀고 있으니 말 입니다. 그래도 시오노 미사키에서 돈이 떨어져 더 이 상 있을 수 없게 되었을 때 부모님은 친절하게도 얼마 쯤 되는 돈을 등기우편으로 보내 주셨지요. 몇 십 원 을 보내셨던지 그건 기억나지 않는군요. 매월 저는 그 돈을 등기우편으로 받아서 하숙비를 냈습니다. 정말

천하태평인 하루하루였어요.

　그러나 언제까지나 그렇게 살 수는 없는 노릇이고 또 학교 졸업도 해야겠기에 여섯 달 뒤 시오노 미사키를 떠나 교토로 돌아왔습니다. 졸업에 필요한 최소한의 학점을 따기 위해서 강의실에 출석도 하고 반드시 제출해야 하는 페이퍼도 작성했지요. 그렇지만, 아까 말씀드린 대로, 학교 당국은 저를 이미 포기한 상태였습니다. 그들은 저를 학교에 그대로 둘 이유가 없다고 생각해서 결국 학교 밖으로 걷어차 버린 것입니다. 그게 저의 졸업이었어요. 실제로 저는 거의 '낙제생' 또는 '퇴학생'이었습니다. 그러니 저의 졸업은 퇴교退校나 마찬가지인 셈이었지요. 저는 그 모양으로 교토 대학을 나온 사람입니다. 그러니 저한테서 많은 것을 기대하시면 안 됩니다.

　이 모든 일이 아케가라수 스님 때문에 일어난 거예요. 그분 강의 때문입니다. 그분은 이 모든 일에 전적으로 책임이 있습니다. 그분이 '무량수경' 강의를 시작하시기 전에, 당신의 말을 어떻게 들을 것인가, 그 것을 우리에게 가르쳐주실 때, 그때 저는 완전히 그분 손에 죽었던 것입니다(I was completely killed by him). 지금 생각하면 그날 강의에 들어가기 전 몇 마디 하신 것으로 이미 당신의 할 얘기를 모두 마친 셈 이었습니다만, 그래도 그분은 강의를 시작하여 사흘 밤에 걸쳐 여러 시간 계속하셨습니다. 나는 그분한테 서 무엇을 들었던가? 제가 들은 것은, 진리는 번쩍하 고 빛나는 섬광이라는 그 한마디였어요. 그러니, 여러 분이 저 같은 사람 말을 듣고 무슨 유식한 것을 얻을 수 있으리라고는 생각되지 않는군요.

아무튼 그 한마디를 던진 뒤에 아케가라수 스님은 『무량수경』의 '부처님 찬탄하는 노래'를 강의하기 시 작하셨지요. 우리는 그분이 본문을 한마디씩 차례로 설명하는 것을 들었습니다. 누군가 그분 강의를 기록 으로 남겼고 지금 그 내용을 책에서 읽을 수 있습니 다. 그러나 저는 그 책에서 아무 감동을 느끼지 못하

겠더군요. 책에 적힌 내용은 그날 밤 제가 경험한 것
과 너무나도 다릅니다. 예를 들면, 저에게 큰 충격을
안겨준 말을 책에서는 찾아볼 수 없는 겁니다. 그 말
은 스님이 본문 강의로 들어가기 전에 하신 것들이니
까요. 그렇지만 저에게는 그 말씀이 가장 중요한 말씀
이었어요. 저의 전 존재가, 척추 마디마디를 관통하
여, 그 한마디 말씀으로 마구 흔들렸던 겁니다.

강사가 교과서를 펼쳐 들고서 "자, 그럼 이 구절을
읽어 봅시다……" 하고 말할 때 여러분은 이미 그 강
의에서 가장 중요한 부분을 놓쳐 버린, 그런 경우가
있는 거예요. 때로는 강사가 강의를 시작하기 전 그냥
무심으로 하는 몇 마디 말 속에서 깊은 진리를 발견할
수 있는 것입니다. 그래서 무심결에 하는 대화가 매우
중요하다고 저는 생각합니다.

아케가라수 스님이 강의를 시작하시기 전에 불교
의 가장 중요한 진리를 말씀하신 것은 참으로 경탄할
일입니다. 강의 전에 이미 무상의 진리를 말씀하신 거

예요. 무상의 진리를 빼놓고는 석가모니의 가르침도, 불교도 있을 수 없습니다.

팔리어語로 무상은 '아니카anicca'입니다. 팔리어는 독일어, 영어와 마찬가지로 인도-유럽 계 언어에 속하지요. 접두사 '아a'를 어떤 단어에 붙이면 반대말이 됩니다. 예를 들어, 독일어 '데이스무스Theismus, 神論'에 '아'를 붙이면 '아데이스무스Atheismus, 無神論'가 되듯이, 팔리어 '니카nicca, 常'에 '아'를 붙이면 '아니카anicca, 無常'가 되는 겁니다. 이 '니카'의 발음이 재미있다고 생각되지 않습니까? 니카니카는 일본말 네카네카(끈적끈적)와 비슷하지요. 뭔가 단단하게 들러붙거나 고정된 것이 연상되거든요. 이 '니카(고정되어 있음)'에 '아'를 붙여서 '아니카'가 된 겁니다.

'아니카'는, 영구적인 것은 없다, 모든 것이 끊임없이 움직이고 바뀐다는 뜻이지요.

아까 말씀드렸듯이 어제 저는 니시 미노아에서 학교 선생님들과 함께 공부를 했어요. 토론 시간에 어느 여자 선생님이 묻더군요.

"선생님, 선생님은 무상에 대해 말씀하셨습니다. 그렇지만, 그렇게 모든 것이 무상하다고 말씀하시면 우리의 삶을 지탱시켜 줄 든든한 바탕이 없어지는 것 아닐까요? 우리에게 인생의 목적이 없다면 우리는 혼란에 빠지고 말 거예요."

그러나 만일 인생에 무슨 '바탕basis'이 있다면 그것은 '니카'입니다. 우리가 잡을 수도 있고 손에 넣을 수도 있는 어떤 것이지요. 만일 우리가 '니카'의 존재를 용인한다면, 영구히 존재하는 무엇이 있다고 인정한다면, 그러면 우리는 더 이상 불교에 관하여 할 말이 없는 겁니다.

'아니카'는 그 어떤 바탕도, 처지도, 관점도 있을 수 없음을 뜻하는 말입니다. 우리가 소중하게 여기는 모든 것이 철저하고 완벽하게 부정됩니다. 무상의 진리는, 이 세상에 우리가 의존할 수 있는 어떤 것도 없음을 뜻합니다.

따라서 어떤 사상의 체계를 세우려는, '주의ism'나 이론의 체계를 세우려는, 인간의 노력은 모두가 헛된 일입니다. 무상의 진리는 우리에게 그 어떤 고정된 견해나 생각, 관점, 처지를 지니지 못하게 합니다. 그 모든 것이 철저하게 뿌리 뽑히는 거예요. 석가모니께서는 오직 이 무상의 진리만을 가르치셨다고 저는 생각합니다.

이렇게 저는 열여덟 나이에 아케가라수 스님의 말씀 한마디를 듣고 제가 의존하던 모든 것을 빼앗겼습니다. 제 인생의 방향이 반대쪽으로 돌려진 것이지요.

내
생
애

가
장

중
요
한

일

사람들은 흔히 불교의 두 가지 다른 길에 대해 말합니다. 하나는 자기 힘〔自力〕에 의존하는 길이고 다른 하나는 자아를 초월한 힘〔他力〕에 의존하는 길입니다. 보통 선종禪宗이 자기 힘에 의존하는 것을 강조한다고들 하지요. 그러나 어떤 종교가 참된 종교라면 그 종교는 '자아를 초월한 힘the Power Beyond the Self'에 의존하는 것을 가르쳐야 합니다.

그 어떤 종교도 자기 능력에 의존하는 것을 가르치지 않습니다. 니시다 기타로 박사님도, 제가 대학에서 그분께 배웠습니다만, 종교 철학을 다룬 당신 책에서 같은 말씀을 하시더군요. 그런 뜻에서 도겐 선사道元禪師님도 분명히 자아를 초월한 힘에 대한 의존을 말씀하십니다. 오늘 저녁 저는 도겐 선사께서 그 점을 어떻게 강조하셨는지를 말씀드리는 것으로 이 연속 강의를 마무리할까 합니다.

　도겐은 당신의 주요 저서라고 할 『정법안장正法眼藏』 말고도 여러 책을 내셨습니다. 그분이 중국에서 돌아오신 지 얼마 안 되어 쓰신 초기 저술 가운데 '배움에 있어서 참선생의 필요성'이라는 제목으로 된 글이 있는데요, 그 글에서 우리는 다음과 같은 문장을 읽을 수 있습니다.

　"참선생이 없다면 차라리 불교를 공부하지 않는 게 낫다."

　도겐은 여기서 참선생 없이, 그의 안내를 받지 않고 무엇을 배우는 것은 아예 배우지 않는 것보다 나쁘다고 말씀하십니다. 사람이 배우는 일에는 참선생이 반드시 절대로 필요하다는 거예요. 배움의 근본 조건에 대해 이렇게 말하고 있는 문장을 읽으면서 어떻게, 도겐 선사가 자기 힘에 의존하는 것을 가르친다고 말할 수 있겠습니까?

　도겐은 스물을 갓 넘었을 때 일본에서는 스승을

찾을 수 없어 중국으로 건너가셨습니다. 앞길이 창창한 젊은이가 목숨 걸고 허술한 상선商船에 몸을 맡겼던 것입니다. 스승을 찾아 중국 여러 지방을 돌아다니다가, 마침내 천동산天童山에서 여정 선사如汀禪師를 만나게 되지요. 총 95권으로 되어 있는 『정법안장』의 제1권, 『변도화辯道話』에서 그는 이렇게 말합니다.

> "마침내 천동산에서 여정 선사를 만났을 때, 내 생애 가장 중요한 일이, 나의 구도행求道行이, 끝나 버렸다."

도겐은 그 사람을 만났을 때 당신 생애의 가장 중요한 일인 구도행이, 목숨 걸고 감행한 그 일이, 모두 끝나 버렸다고 말합니다. 참스승을 만난 기쁨을 이보다 더 잘 표현할 순 없을 거예요. 그는 아주 잘라서 말합니다, "끝나 버렸다"고요.

"끝나 버렸다"는 이 표현은 도겐이 여정 선사를 만

나자 곧장 죽었다는 뜻일 수도 있습니다. 여기서 저는 여정의 손에 온전히 죽어 버린 도겐을 생각하지 않을 수 없군요. 도겐의 삶이 그 뒤에도 계속되었다면, 그 것은 더 이상 그의 삶이 아니고 자신을 초월한 어떤 것의 삶이었습니다. 그의 생애에서 가장 중요한 목적 이 이루어졌습니다. 목적을 이룬 도겐은 여정 앞에서 산산조각으로 파기되었던 것이지요. 이와 같은 말을 하고 있는 도겐이 자기 힘에 의존할 것을 가르친다고 어떻게 말할 수 있겠습니까? 어떻게 그의 선학禪學이 자력에 의존하는 것을 가르친다고 생각할 수 있겠느 냐는 말씀입니다.

어제 저녁에는 중국에서 오신 린 씨가 이 자리에 서 강연을 하셨지요. 강연 중에 이런 말씀을 하시더군 요. "저는 비록 게이오 대학에서 공부를 했습니다만, 사실 아케가라수 스님을 만나기 전까지는 무엇 하러 일본에 왔는지 이해할 수 없었습니다. 그러나 마침내 아케가라수 스님을 만났을 때 중국에서 일본으로 유학 온 것이 저에게는 더없이 중요한 사건이라는 느낌이 들었지요. 이것이 제가 오늘 여러분에게 드리고자 하는 말씀의 전부입니다." 만일 린 씨가 도겐이었다면 이렇게 말씀하셨을 거예요. "내 생애 가장 중요한 일이, 나의 구도행이, 끝나 버렸습니다."

오늘 우리는 오전 오후 계속하여 자유토론 시간을 가졌습니다. 여러분 모두가 아케가라수 스님을 만난 행복에 대해 말씀을 나누셨지요. 여러분이 진심으로 선생님께 감사한 마음을 품고 계신 것을 보면서 저는, 저분들도 옛날의 도겐 선사와 같은 느낌을 느끼고 있구나, 하고 생각했습니다.

이 여름 수련회에서 저는 신참에 속합니다. 이 모임에 참석한 것이 최근 수년 밖에 되지 않거든요. 그러나 제가 아케가라수 스님을 처음 만나 뵌 것은 20년도 더 지난 옛날 일입니다. 시코 고등학교 2학년 학생일 때, 아케가라수 스님이 가나자와 시민회관에서 사흘 밤에 걸쳐 '무량수경無量數經'을 강의하셨지요. 그때

운 좋게도 그분 강의를 들을 수 있었던 것입니다.

저의 두 번째 강의 시간에 우리는 『정법안장』에 실려 있는 '만법진상萬法眞相'이라는 제목의 글에서 한 구절을 읊었습니다. 거기서 도겐이 천동산 밤 풍경을 어쩌나 아름답게 묘사했는지, 차라리 한 편 서정시라고 할 만했어요. 여러분이 그것을 읊고 있는 동안 저는, 지금으로부터 20여 년 전 열여덟 나이에 처음 아케가라수스님을 뵙던 그 시절을 회상하고 있었습니다. 도겐은 이렇게 썼지요.

"그날 밤, 여러 층으로 된 건물들 사이 빈 터로 희미한 달빛이 드리워져 있었다. 뻐꾸기가 끊임없이 울어 댔지만 참으로 고요한 밤이었다."

도겐은 지금 깊은 감상에 젖어 그날 밤을 회상하고 있는 겁니다. 이 구절은 저의 추억을 샘처럼 솟구치게 했어요. 제가 가나자와 시민회관에서 선생님 말씀을 처음 들은 것도 여름날 밤이었지요. 창문마다 활짝 열려 있었고 서늘한 밤공기가 그리로 해서 들어오고 있었어요. 아케가라수 스님은 이글거리는 불처럼 열변을 토하며 대승불교의 정수精髓를 제 가슴속에 들이부으셨습니다. 그때 돌연 회관 뒤 숲 쪽에서 퉁소 소리가 들려오는 것이었어요. 아케가라수 스님은 퉁소 소리에 귀를 기울이시다가 우리에게 물으셨지요. "저 퉁소 소리 들리지요?"

이어서 퉁소 소리를 소재로 삼아 강의를 계속하셨습니다. 지금도 저는 그때 하신 말씀을 생생하게 기억하고 있습니다. 그때 그분이 사흘 저녁에 걸쳐 하신 강의가 '부처님 찬탄에 관한 강의'라는 제목으로 나중에 출판되었어요. 거기에 보면 강의 도중 퉁소 소리에 관해서 하신 말씀이 기록되어 있지요.

여러분이 『만법진상』의 한 구절을 읊고 있을 때 저는 그날 밤을 추억했습니다. 20여 년 전 십대 소년이었던 그 시절을 돌아다 볼 때 제 생애에서 가장 큰 사건이 그날 밤 일어났다는 느낌이 들었어요. 그것은 도겐이 "마침내 천동산에서 여정 선사를 만났을 때, 내 생애 가장 중요한 일이, 나의 구도행이, 끝나 버렸다"는 말로 묘사하고 있는 바로 그 사건입니다.

그날 밤 저는 선생님 손에 죽었습니다. "죽었다"는 단어가 좀 거칠게 들릴는지 모르겠군요. 그렇지만, 저는 그날 밤 선생님의 넓은 가슴에 온전히 묻혀 버렸다는 느낌입니다.

그 뒤로 여러 곳을 돌아다녔습니다만, 고등학교 시절의 그 경험이 대학에 들어가서 철학을 공부할 때에도 계속 따라다니더군요. 대학을 나오고 몇 해가 지났습니다. 그런데도 제가 아케가라수 스님을 개인적으로 만나 뵐 때가 아직 무르익지 않았어요. 그 몇 해 동안 저는 인생의 바른 방향을 찾고자 제법 고민이 많았습니다. 이것저것 여러 가지를 공부해 보았지요. 예를 들어, 저 자신의 철학체계를 세워 보려 했고 친구들과 마르크스주의를 공부하는 데 많은 시간을 들이

기도 했습니다. 이제 생각해 보니 그 몇 해 동안은 저의 잃어버린 중간기中間期였어요. 그러나 그 잃어버린 세월은 제가 이미 아케가라수 스님의 넓은 가슴에 묻힌 뒤에 온 것이었습니다. 선생님의 품속에서 자신의 상실기喪失期를 경험했던 거지요. 그랬기에 그것이 큰 문제가 되진 않았습니다. 그것은 거대한 바다에 출렁거리는 작은 파도에 지나지 않았어요. 상실기가 끝나자 저는 아주 자연스럽게 아케가라수 스님께로 돌아갔지요.

『만법진상』의 그 구절을 읊을 때 저는 고등학교 2학년 학생 몸으로 아케가라수 스님을 처음 뵙던 날 밤을 추억하지 않을 수 없습니다. 지금 제가 이 모양으로 존재하는 것은 바로 그 만남 덕분이에요.

저는 오늘 이 말씀을 드리면서 첫머리에 "참선생이 없다면 불교를 배우지 않는 게 낫다"는 문장을 인용했습니다. 그러면 무엇이 참선생입니까? 제가, 제 처지에서, 어떤 사람이 참선생이다 아니다 하고 말할

수 있는 것일까요? 예컨대, 제가 A, B, C 등 여러 후
보들 가운데서 참선생을 가려 뽑을 수 있겠느냐는 말
씀입니다. 사실을 말한다면, 저는 아직 무엇이 참인지
도 모릅니다. 그런데 어떻게 제가, 아직 무엇이 참인
지도 모르는 제가, 어떤 선생이 참선생인지 아닌지를
판단할 수 있단 말입니까? 그것은 자기가 객관적 논
리로 여러 후보를 비교 평가함으로써 그들 가운데서
참선생을 선택할 수 있다고 착각하는 자가 저지르는
전형적인 오류입니다.

그런즉 간단하게 말해서, 어떤 사람이 참선생을
만나는 것은 업연業緣입니다. 참선생은 나를 완전히
죽여 버리는 사람이에요. 그는 날카로운 칼로 내 정수
리를 쳐서 몸을 두 동강 냅니다. 달리 말하면, 나의 옹
근 존재가 그의 품 안에 묻혀 버릴 때 비로소 그를 참
선생이라고 말할 수 있는 것입니다. 이렇게, 참선생은
나의 주관적 평가에 따라서 존재하는 것이 아니라 객
관적 사실에 따라서, 업연에 따라서, 존재합니다. 그

래서 저는 참선생이란 '자아를 초월한 힘'이 우리에게 베푸는 선물이라고 생각하는 것입니다.

『정법안장』이야말로 '자아를 초월한 힘'을 제대로 알아 모신 분의 저술이라고, 진심으로 저는 그렇게 생각합니다.

좌탈
坐
脫

'좌탈坐脫'이란 말은 앉은 자세 그대로 죽는다는
뜻입니다. 그 자리에서 곧장 무無로 바뀌는 것이지요.
염불念佛은 곧 좌탈입니다. 염불을 경험할 때 자신이
서 있던 토대를 잃게 되니까요. 선생님은 이를 개인적
으로 저에게 가르쳐 주셨습니다. 그 경험을 생각나는
대로 여기 적어 볼까 합니다.

1947년인가 1948년인가, 여름철이었어요. 제가
가르치던 학생 수십 명과 함께 아케가라수 스님의 하
안거夏安居에 참여하려고 스님의 절을 찾았는데, 하루
는 오후 시간에 선생님께서 저에게 강의를 하라는 것
이었습니다. 강단 의자에 앉아 손을 책상 위에 놓고
얘기를 시작했지요. 선생님은 왼쪽 편 다다미에 방석
도 없이 앉아서 제 말을 듣고 계셨습니다. 기타 야수
다에 있는 묘타츠 절 대강당이었어요. 200명도 넘는

대중이 앉아서 강의를 듣고 있었습니다. 제가 나가노
에서 데려온 학생들도 모두 거기 있었지요. 강의를 시
작하여 10분이나 15분 쯤 지났을 때였어요. 갑자기
선생님이 날카로운 질문으로 저를 공격해 오셨습니
다. 그때 제가 무슨 말을 하고 있었는지는 전혀 기억
이 나지 않는군요. 그러나 선생님의 지적remark은 제
가슴을 깊게 자르고 들어왔지요. 마치 시퍼렇게 날선
칼이 심장을 찔러오는 것 같았습니다. 저의 피상적이
고 건방진 관념들이 선생님의 눈, 곧 여래如來의 눈에
그대로 꿰뚫리고 만 것입니다. 선생님의 말씀은 매우
단순했고 또 에둘러 말씀하시는 법이 없었으므로, 거
기 있던 대중은 모두 저를 찌르는 그분의 일격一擊을
분명하게 알아볼 수 있었지요. 대답할 말이 떠오르지
않았습니다. 같은 어조로 강의를 계속할 수가 없었어
요. 제 머리에 자랑스레 얹혀 있던 관冠이 선생님 손에
박살나는 순간이었습니다.

저는 그만 할 말을 잃고 말았지요. 도저히 강단에

버티고 앉아 있지 못하겠더군요. 그러나 강의를 중단
하고 내려올 수도 없는 일이었습니다. 참으로 난처한
궁지에 빠진 자신의 모습이 느껴졌어요. 눈길을 어디
에 두어야 할지 몰라서 허둥지둥 사방을 둘러보았
지요. 그런데 사람들은 여전히 거기 앉아 있었고 그들
을 외면할 길이 없었습니다. 그때 제가 나가노에서 데
려온 학생들이 눈에 들어왔어요. 그들 가운데 몇 학생
이 안타깝고 동정 어린 눈으로 저에게 말을 건네고 있
었습니다.

　"마이다 선생님, 우둔한 말씀을 하셨군요. 그렇게
말씀하시는 게 아니었어요." 그런가 하면 자기네 선생
이 터무니없는 공격을 받고 있다고 생각했는지, 연민
가득한 눈으로 쳐다보는 앳된 여학생들도 있었지요.
제가 나가노에서 가르치던 학생들의 안타까운 시선이
야말로 가장 견디기 힘든 것이었어요. 다른 지방에서
온 사람들은 제가 너무 건방지고 뻔뻔스러워서 스승
의 지적을 받아 마땅하다고, 그러니까 당연한 대우를

받고 있는 것이라고 생각했겠지요. 그러나 그들은 제 시야에 들어오지 않았습니다. 공개된 자리에서, 저를 너무나도 사랑하던 학생들 앞에서, 저는 톡톡히 창피를 당했습니다.

　난생 처음 지독한 수치감에 사로잡힌 저는 마룻바닥이 꺼져 제 몸을 삼켜 버렸으면 좋겠다고 생각했지요. 실제로 오른쪽 다다미를 내려다보며(왼쪽에는 선생님이 앉아 계겨든요) 거기 구멍이 있으면 뛰어들고 싶었습니다. 그런데 구멍이 없더군요.

　대중 앞에서 설 자리를 빼앗겨 버린 저는 그래도 무슨 말인가 계속해야 했습니다. 달리 무엇을 어찌 해야 할는지 알 수 없었어요. 그래서 어색한 웃음을 지으며 잔뜩 구겨진 표정으로, 무슨 말을 하고 있는지도 모르면서, 한동안 얘기를 계속했지요.

　그렇게 5분인가 10분쯤 강의를 계속하고 있는데 선생님이 두 번째 공격을 개시하셨습니다. "사람을 죽이면서 피를 안 볼 수는 없다"는 속담처럼, 그분은 피

할 틈도 주지 않고 인정사정없이 몰아치셨어요. 저에
게 남아 있는 마지막 체면을 짓밟아 버릴 때까지 발길
질을 멈추지 않으셨습니다. 그 순간 저는 생각했어요.
'정말 성질 고약한 인간 아닌가? 이건 숫제 악마로
군!' 무슨 충고할 게 있으면 이렇게 공개석상에서 망신
을 줄 게 아니라 은밀히 불러서 말해 줘야 하는 것 아
닌가, 하고 속으로 불평도 했지요. 몸을 숨길 구멍이
아무데도 보이지 않기에 저는 소리 없이 울었습니다
(겉으로 눈물을 보이지는 않았습니다만). 제 존재의 허망
함과 초라함을 쓰디쓰게 절감하면서 몇 마디 더 중얼
거리다가 그렇게 겨우 이야기를 마쳤어요. 강단에서
내려올 때, 말도 안 되는 소리를 끊임없이 횡설수설
지껄였다는 느낌 밖에는 아무 생각도 나지 않더군요.

    이렇게, 선생님은 제가 설 자리를 완전히 앗아가
버리셨습니다. 그리하여 무無밖에는 아무것도 없는 곳
에 홀로 서게 하시고, 저로 하여금 이 세상에는 내가
의존할 곳이 없다는 진실을 깨닫게 하셨던 것입니다.

그것은 선생님의 보이지 않는 망치에 제 존재가 산산조각으로 부서지는 경험이었어요. 그분은 제 위신을 철저히 깨뜨려버리는 날카로운 말씀으로 언제나 저를 찌르셨습니다만, 그날 처음으로 대단한 악마 great devil를 마주 보았던 것입니다. 그 경험을 통하여 저는 선생님이 저에게 품으신 대자비심大慈悲心을 느낄 수 있었습니다. 그것이 대자비심 아니고 무엇이겠습니까? 그분은 아주 철저하게 이 세상에는 의존할 곳이 없음을 저에게 가르치셨습니다. 제가 설 자리를 완전히 앗아가 버림으로써, 저로 하여금 근본이 되는 가르침과 염불의 진리를 깨달아 알게 하셨던 것이지요.

그분은 대중 앞에서 저를 망신시킴으로써만 그 일을 이루실 수 있었습니다. 만일, 제가 속으로 바랐듯이, 서재로 저를 데려가서 거기서 훈계를 했다면, 저는 진짜 수치가 어떤 것인지 끝내 알지 못했을 것입니다. 그랬더라면, 진정 부끄러워해야 할 제 정체를 결코 보지 못했을 것이며 저의 자아는 뿌리 뽑히지 않았겠지요.

선생님은 제 가면을 벗기고, 저를 대단한 스승으로 알고 있던 나가노의 어린 학생들 앞에서 철저하게 망신을 줌으로써, 결국 제 눈을 열어 주셨습니다. 당신의 대자비심을 악마의 칼처럼 휘두르셨던 거예요. 그것은 정말 무자비하고 파괴적인 힘이었습니다. 바로 그 순간 제 가슴은 선생님을 통하여 여래의 대자대비로 충만했지요. 제가 그분을 '평생의 선생님'이라고 부르는 이유가 바로 여기 있습니다.

제자의 인격을 박살내는 일 말고, 스승이 제자에게 할 일이 무엇이겠습니까? 스승은 절대부정absolute negation입니다. 그뿐, 다른 아무것도 아니에요. 이 절대부정을 만나는 것이 곧 참된 스승을 만나는 것입니다. 그 만남이 우리에게 일생일대의 큰 기쁨을 안겨 주지요.

아케가라수 스님은 도쿄의 고코도 의숙義塾에 살

던 3년 동안, 밤낮으로 기요자와 만시 스님의 보이지 않는 망치에 맞으셨습니다. 단 한 번도, 기요자와 스님은 아케가라수의 생각을 인정하신 적이, 단 한 번도, 없으셨어요. 그분은, 단 한 번도, 그에게 동의하거나 그의 말이 옳다고 하지 않으셨습니다. 아케가라수가 기요자와 스님의 생각을 그대로 되풀이해서 말할 때조차 기요자와 스님은 거침없이 그렇지 않다고, 그것은 더 이상 진실이 아니라고, 말씀하셨지요. 그런 까닭에 아케가라수 스님은 발 딛고 설 자리가 없었습니다. 두 분이 함께 사신 3년 세월의 마지막 날까지 그랬습니다.

사사건건 반대만 하고 그렇지 않다고만 하는 기요자와 스님 같은 인물 밑에서는 배울 것이 없다고 생각한 많은 젊은이가 고코도 의숙을 떠났지요. 아케가라수 스님은 가끔 "나는 기요자와 스님한테 끝까지 달라붙었지" 하고 웃으면서 말씀하셨습니다. 또 그분은 저에게, 당신이 기요자와 스님의 제자로서 누렸던 가장 큰 행복은 염불의 진리, 곧 '서 있을 자리가 없음no position'의 진리를 배울 수 있었던 것이라고 말씀하셨어요. 선생님은 언제나 당신을 반대하고 어느 한 자리에 서 있도록 내버려두신 적이 없는 기요자와 스님의 친절을 너무나도 잘 알고 계셨지요. 끊임없는 부정만 있을 뿐, 인정認定이란 끝내 없는 이것이 진짜 스승의 모습입니다. 참된 스승은 이런 방식으로만 존재하지요. 다른 길은 없습니다.

플라톤에게 소크라테스가 그런 스승이었어요. 신란이 요시미즈의 선원禪院으로 호넨을 찾아가 거기 3년 동안 머물러 있을 때 호넨은 신란에게 어떤 존재였을까요? 우리는 신란이 지혜로운 사람으로 유명한 호넨의 날카로운 핀잔에 주눅 들어 있는 모습을 쉽게 그려 볼 수 있습니다. 그런데 바로 그 날카로운 핀잔과 상대를 후벼 파는 말을 밤낮으로 듣는 중에 신란은 마침내 흔적도 없이 말살되었던 거예요. 이렇게 해서 신란은 신란이 되었지요. 그리고 바로 그 때문에 신란

은 호넨을 평생의 스승으로, 여래의 현신現身으로 공
경했던 것입니다.

　여러분이 만일 신란의 머리를 쓰다듬으며 장래가
촉망되는 젊은이라고 생각하는 호넨의 모습을 상상한
다면, 그것은 스승과 제자의 참된 관계에서 너무나도
거리가 먼 광경입니다. 내 머리를 깨뜨려 부수는 일은
나를 능가하는 어떤 힘에 의해서 이루어지는 거예요.
내 머리에 대해 내가 할 수 있는 일은 아무것도 없습
니다.

　자아를 능가하는 힘을 경험하는 일, 철저한 무아
를 경험하는 일은 진정한 영적 안내자를 만날 때 주어
집니다. 기타 야수다에서 경험한 좌탈을 생각하면 선
생님이 쏟아주신 그 크신 사랑에 뭐라고 감사해야 할
는지 모르겠어요. 그분은 저를 앉은 자리에서 죽여 버
리셨습니다. 바로 그것이 저에게는 더없이 큰 행운이
었지요. '좌탈'이라는 말에서 저는 "당장 오라!"는 부
름을 듣습니다.

누가 저에게, 선생님한테서 무엇을 배웠느냐고 묻는다면 좌탈을 배웠다고 대답하겠어요. 그것 말고는 그분이 가르치신 게 없습니다. 우리가 스승한테서 배울 것이 있다면 오직 이 한 가지 뿐이에요. 좌탈, 앉은 자리에서 죽는 것! 이것이 불교의 유일한 진리입니다.

선생님은 많은 말씀으로 저를 친절하게 가르쳐 주셨지요. 그러나 가장 짧고 그러면서 가장 깊은 진리로 저를 강력하게 흔들어버린 것은 바로 그 사건이었습니다. 그것은 절대부정이었어요. 사람이 참된 스승을 만난다는 것은 쉬운 일이 아닙니다. 그래서 신란은 붓다님이나 다르마에 자신을 내어 맡기는 것이 사람이 할 수 있는 일 가운데 가장 어려운 일이라고 말씀하셨던 것입니다.

無무

아케가라수 하야 스님은 학자들의 종교적 관념을 이렇게 비판하신 적이 있습니다. "학자들은 종교를 책에서 공부하지. 하지만 그들은 진짜 사람한테 깨어지는 법이 없어. 그들이 안 좋은 것은 그 때문이야. 그들은 철저하지 못해. 마이다 군, 자네와 나는 그들에 견주어 행운일세. 진짜 사람을 만났으니까. 안 그런가?"

아케가라수 스님한테는 물론 기요자와 스님이 '진짜 사람'이었지요. 그러나 그분이 "마이다 군, 자네는 진짜 사람을 만났으니 행운일세" 하고 말씀하셨을 때 그 진짜 사람은 누구를 가리키는 것이었을까요? 그 순간 저는 그분이 당신 자신을 두고 말씀하신다는 느낌을 받았어요. 그분은 저를 깨뜨려야 한다는 당신의 사명을 다하셨습니다. 제 느낌으로는 그분이 이렇게 말씀하시는 것 같았어요. "내가 자네를 깨뜨려 줄 참이니, 자네는 잘 될 걸세." 저는 그 순간의 특별한 느낌을 결코 잊을 수 없습니다.

예, 그래요. 저는 아케가라수 스님이 친절하게 저를 깨뜨려 주신 것이 제 평생 겪은 가장 큰 행운이었다고 생각합니다. 말로 표현할 수 없이 기쁜 해방감과 자유가 거기서 왔어요. 세상에서 진짜 사람을 만나는 것보다 더 기쁜 일이 있을까요? 진짜 사람을 만나서 그에게 완전히 깨어져 본 일이 없는 사람은 제가 지금 하는 말을 이해 못할 것입니다.

아무리 많은 책을 읽고 오랜 시간 생각을 해도 그래서 인간의 뿌리 깊은 자기-애착self-attachment이 뽑히지는 않습니다. 그래서 저는 진짜 사람을 만나지 못한 사람을 보면 마음이 짠해지지요. 제가 선생님을, 그러니까 진짜 사람을, 만날 수 있었던 것은 정말로 엄청난 행운이었어요.

저에게 선생님은 친절하게 타일러 주는 진짜 사람이었습니다. 그 이상도 이하도 아니었어요. 때로 그분이 악마 두목이라는 생각이 든 적도 있었습니다. 그분이 제 약점을 날카롭게 찌를 때는 무서웠지요. 미처 몰랐던 제 마음 깊은 부분이 드러나 밝혀질 때는 질겁했습니다. 그럴 때 저는 이 세상에 더 이상 딛고 설 곳이 없었어요. 제가 서 있는 바탕이 무너져 내렸고 저는 완전히 묻혀 버렸습니다. 그분은 저에게 있는 모든 것을 가져가 버렸어요. 그러고는 바닥에 쓰러질 때까지 계속해서 밟고 걸어찼습니다. 그것은 저에게 이야마에 있는 자신의 암자 부근 벼랑으로 하쿠인白隱 (1685~1768)을 걷어차 버린 늙은 쇼주가 생각나게 했습니다. 우리 선생님은 그런 분이셨지요. 이것이 그분에 대한 제 추억의 골자입니다.

아케가라수 스님은 저를 당신 제자로 여기셨던가요? 아닙니다! 한번은 회중 앞에서 저를 교토의 니시다 기타로 박사님 제자로 소개하시더군요. 비록 저를 꾸짖고 타이르셨지만, 당신 제자로 여기고 그렇게 하신 것은 아니었습니다. 그분은 언제나 저를 당신과 동

등한 인간으로 대하셨어요. 바로 이 인간 대 인간의
관계 속에서 그분은, 당신의 모든 것을 동원하여 저를
깨뜨려 부셨던 것입니다.

　　그러면 나는 자신을 아케가라수 스님의 제자로 여
겼던가? 역시 대답은 '아니'올시다. 우리 둘 사이는 선
생과 제자의 고정된 관계가 아니었어요. 만일 제가 자
신을 아케가라수 스님의 제자로 여긴다면 '제자인 나'
가 여전히 남겠지요. 그런데 그런 '나'는 없어요. 저는
그분 앞에서 '무無, nothing'입니다(아무것도 아닙니다).
저는 그분의 제자도 아니에요. 아무것도 없습니다. 이
것이 제 솔직한 느낌입니다. 그래서 사람들이 저를 아
케가라수 스님의 제자라고 부를 때 오히려 이상하게
생각됩니다. 선생-제자의 관계가 지속되는 한, 다르마
가 선생한테서 제자한테로 전수된다고 생각할 수 있
겠지요. 그런데, 그분한테서 저한테로 전수된 다르마
가 없는 겁니다. 아무것도 없어요. 저는 선생님 앞에
서 그냥 무無입니다(아무것도 아닙니다).

다르마의 전수에 대해 말하는 이들이 없잖아 있더
군요. 참 심심한 사람들이라고 생각합니다. 선생에 의
해서 자기의 전 존재가 깨어진 사람에게 무엇이 남아
있겠습니까? 다르마조차도 없는 겁니다. 다만, 한 인
간의 자아가 완전히 깨어져 버렸다는 '사실'만 남지요.
바로 그 때문에 지금 저는 선생님이 저를 완전히 해방
시키셨다고 말하는 것입니다.

　　저는 아케가라수 스님이 저에게 절대자유를 주신
데 대해 크게 감사드립니다. 저는 그분께 아무 빚진
것이 없습니다. 제가 그분 학생이기 때문에 따로 해야
할 일이 하나도 없어요. 내가 나 자신이면 그것으로
충분합니다. 내가 나 자신인 것 말고 무엇을 할 수 있
겠습니까?

　　저는 남들에게 물려줄 그 무슨 다르마도 선생님한
테서 전수받지 않았습니다. 그냥 저 자신으로 살아갈
뿐이에요. 선생님이 남기신 시詩입니다.

넘겨줄 '나의 다르마'가 없네.

'나의 학생'도 없네.

높은 하늘 반짝이는 별들이 있을 뿐.

노선관
爐扇館

문.　　제가 듣기로 아케가라수 하야 스님께서 노
선*관爐扇館, December Fan Hall이라는 기념관을 지으
셨다는데요, 맞습니까?

답.　　예, 그래요. 당신의 절 마당에 그 홀을 지
으셨습니다. 호류 절에 있는 유모도노 홀을 본떴지요.

문.　　거기에 무엇이 모셔져 있습니까?

답.　　홀 중앙 단檀 위에 아케가라수 스님의 선
생이신 기요자와 만시 스님의 좌상坐像이 있습니다.
그리고 바닥에는 두 손 모아 선생님을 경배하고 있는
아케가라수 스님 좌상이 놓여 있지요. 그것이 홀 안에
있는 모든 것입니다.

---

* **노선爐扇** 동선하로冬扇夏爐의 줄인 말로서 아무데도 쓸모없는
물건이라는 뜻. 기요자와가 말년에 스스로 지어 부른 자신의 호號.

문. 　그 상像들이 뜻하는 것은 무엇일까요?

답. 　두 상을 세워 놓고, 아케가라수 스님은 이렇게 말씀하시는 겁니다. "나는 영원히 선생님을 경배할 것이다. 내 인생에 다른 목적은 없다."

문. 　그렇다면, 그것은 선생과 제자 사이에 내적 통교가 이루어지는 일종의 비밀스러운 방과 같은 것입니까?

답. 　그래요. 그렇게 말할 수 있겠습니다. 아케가라수 스님은 마음을 한 데 모아 기요자와 스님만을 바라보고 있지요. 홀로 선 사람이 어떤 사람인지를 보여주고 계신 겁니다. 홀로 서는 사람은 다른 사람들을 거들떠보지도 않지요.

문. 　혹시 그런 모양으로 상을 세워 놓은 선례先例가 있는지요?

답. 　그와 같은 동상들이 전에 있었는지, 그건 모르겠습니다만, 정신적인 선례는 있습니다.

문. 　그것이 무엇입니까?

답. 『단니쇼歎異抄』제6장에서 신란은 이렇게 말하지요. "나 신란에게는 제자가 한 명도 없다." 신란의 이 한마디가 그 홀의 정신을 단적으로 표현한다고 할 수 있겠습니다.

문. 그 한마디 말에 담긴 가르침은 무엇입니까?

답. 그것은 이런 가르침이지요. "홀로 선 자의 길을 가라. 혼자서 가라."

문. 그렇지만 그 홀에는 선생과 학생, 두 사람이 있잖습니까? 왜 '혼자'라고 말씀하시는지요?

답. 그게 가장 중요하고 또 어려운 점이지요. 학생이 선생 앞에 무릎 꿇었을 때, 선생 앞에 자신의 전 존재를 던질 때, 그에게는 더 이상 자기의 삶이 없습니다. 있는 것은 다만, 우주의 삶the life of universe, 그의 삶이 송두리째 선생의 삶 속에 녹아 버린 그런 삶이 있을 뿐이지요. 학생이 그런 '무아無我의 삶'을 살게 될 때 우리는 비로소 그가 홀로 서는 자의 길을 혼자서 간다고 말할 수 있는 것입니다.

문.　　　그렇다면, 아케가라수 스님이 기요자와 스님을 위대한 스승으로 우상화하고 있는 것은 아니군요? 맞지요?

답.　　　물론 아니지요. 좀 강한 표현을 쓴다면, 기요자와 스님까지도 더 이상 거기에 존재하지 않는 겁니다. 다만 기요자와 스님의 사자후獅子吼가 있을 뿐이에요. "천상천하유아독존天上天下唯我獨尊!"이 사자후를 듣지 못한다면, 그 홀을 방문해 봤자 헛일입니다.

문.　　　그곳에 '둘'과 '하나'가 동시에 있다는 말씀인가요?

답.　　　그렇습니다. 사람들은 거기에 가서 '하나'를 배워야 해요. 그런데 '둘'만 보고 말지요. 그래서 결과적으로, 아케가라수를 우상으로 만드는, 그에게 붙잡혀 얽매이는, 잘못을 저지르게 되는 것입니다.

문.　　　그것이 이른바, 선생에 대한 그릇된 의존이라는 건가요?

답.　　맞아요. 사람들은 선생한테서 '절대자the absolute'를 보지 않습니다. 그저, 상대적인 인간만을 볼 뿐이지요. 말로는 선생을 통해서 '절대자'를 보아야 한다고 하면서도, 실제로는 한 인간에게 붙잡혀 얽매이는 잘못을 저지르는 겁니다. 사람들이 (세계대전 이후 일본에 우후죽순으로 생겨난) 신흥종교에 빠져드는 이유가 거기 있지요.

문.　　그렇다면 홀 중앙에 예배 대상對象으로 불상佛像을 모셔 놓으면, 아케가라수 스님의 뜻에 대한 사람들의 오해를 미리 막을 수 있지 않을까요? 어떻게 생각하십니까?

답.　　아케가라수 스님은 우리가 그런 잘못을 저지르지 않을 것이라고 믿으셨습니다. 그래서 홀에 좌상 둘만 앉혀 놓으셨지요. 우리가 조심하여 그런 잘못을 저지르지 않는다면, 구태여 다른 상像을 모셔 둘 필요가 없다고 봅니다.

문.　　한 인간이 아닌 절대자를 바로 인식하는

것은 정말 어려운 일입니다. 그렇지 않습니까?

　　답.　　그렇습니다. 그 기념관이 우리에게 주는
가르침은 쉬운 것이 아니에요.

너
자신이
되어라

1. 선생님의 가르침

누가 저에게, 아케가라수 스님한테서 무엇을 배웠느냐고 묻는다면 이렇게 대답하겠습니다.

"내가 스님한테서 배운 것은 '너는 너 자신이 되어야 한다'는 것입니다."

이제 저는 남쪽 지방, 이나 계곡으로 갑니다. ……그래서 저 자신이 되려고 합니다. 저는 아케가라수가 아닙니다. 다른 누구도 아닙니다. 저는 접니다. 그래서 제 길을 갑니다.

인생길을 걸으면서, 한 인간이 경험할 수 있는 가장 높은 기쁨과 가장 깊은 슬픔을 남김없이 맛보고자합니다. 저는 제 인생을 꽉 차게 살고자 합니다. 될 수 있는 대로 자신의 인생에 충실코자 합니다. 이제 저는 제 인생의 깊이 속으로 파고들 것입니다.

때로, 어지러운 경험에 압도될 경우, 저도 모르게 선생님과 비교하고 있는 자신을 봅니다. 그분을 모방하려고 하는 자신을 봅니다. 그러나 그러고 있을 때 저는 자신의 인생을 잊어버리는 것입니다. 아직 제 발로 서지 못한 것입니다.

그러면 저는 자신에게 돌아가야 할 필요를 느끼고 자기-살펴보기를 다시 시작합니다. 저의 존재 안으로 들어가 자신의 인생을 다시 발견합니다. 이런 소리가 제 속에서 들려옵니다. "단호하게 선생을 넘어가라! 그에게 매달려 있지 마라!"

천상천하에 오직 하나뿐인 인간
그가 바로 나 아닌가?
나보다 먼저 간 자들 속에서는
가야 할 나의 길을 찾을 수 없구나.

아무리 무모해 보일지라도

아무리 가망 없어 보일지라도
이 세상을 살다 간 인간들 가운데
그 누구도 밟아보지 못한 길을
지금 나는 탐사하려 한다.
그것은 절대 어둠을 뚫고 뻗어나간,
절대 광명의 길.

선생께서 엄숙하게 말씀하신다.
"가거라!"
죽음의 아가리에 이 몸을 던져 넣기나 하듯
나를 향해 소리치신다.
"네 길을 가거라!"

2. 생명력

　　광효혜각光孝慧覺이 법안法眼 스님을 방문했을 때
스님이 물으셨다.

"어디서 오셨소?"

"조주趙州에서 왔습니다."

"듣자하니, 조주 스님이 '뜰 앞 잣나무〔庭前栢樹
子〕라는 말씀을 하셨다던데, 과연 그렇소?"

"그런 일 없습니다."

"오가는 사람들이 모두 말하기를, 한 스님이 조주
스님에게 '달마 대사님이 서쪽에서 오신 뜻이 무엇입
니까?' 하고 묻자, '뜰 앞 잣나무'라고 대답했다던데, 스
님은 어째서 그런 일 없다고 하시오?"

"조주 스님은 실로 그런 말씀하신 적이 없습니다.
스님께서는 조주 스님을 비방하지 말아야 할 것입니
다."

법안 스님이 말씀하셨다.

"이 사람 광효야말로 사자새끼로구나."

광효혜각은 조주 선사趙州禪師의 직계 제자입니다.
조주 스님의 잣나무 얘기를 모를 리 없지요. 그런데

그가 조주 스님은 그렇게 말씀하신 적 없다고 말합니다. "사무차어師無此語, 스승은 그런 말씀 없으셨다"라는 선문답이 여기서 나온 것이지요.

선생-제자의 관계가 제대로 되어 있다면, 제자가 선생 시늉하는 것은 용납되지 않습니다. 제자가 자기를 추키려고 선생을 이용해서도 안 됩니다. 조주 아닌 자가 조주인 척하고 설교를 해서는 안 되는 거예요. 광효는 지금 자기 선생을 발로 밟고 서 있습니다. 완전한 자기 자신으로, 홀로, 서 있는 것입니다. 조주의 흔적은 어디에도 없지요.

우리는 가끔 말합니다. "그분은 이렇게 말씀하셨고 이분은 저렇게 말씀하셨다." 그러나 신란은 『단니쇼歎異抄』제2장에서 밝히 말씀하십니다. "나 신란에게 있어서는⋯⋯."

진리는 언제나 개인적이고 내성적內省的, introspective이며 주관적인 방법으로 표현됩니다. 우리는 그것을 '생명'의 첨단이라고 부를 수 있을 거예요.

너 자신은 어떠한가? "아케가라수 스님이 이렇게 저렇게 말씀하셨다"고 말하면서 아케가라수 스님께 흐뭇한 기분으로 기대고 있는 것은 아닌가? "우리 선생은 그런 말씀 없으셨다." 이 한마디가 망치가 되어 제 안이安易를 깨부숩니다. 생명 자체가 또는 진리 자체가 저에게 묻습니다. "좋다. 아케가라수 스님은 그렇게 말씀하셨다. 그러면 너는 무엇이라고 말하느냐? 네 인생을 설명할 수 있는 한마디 말, 그것이 무엇이냐?"

자기 선생님은 그런 말씀 하신 적 없다고 말할 때, 광효혜각 자신이 잣나무로 거기 서 있었던 것입니다. 이러한 주관적 전이轉移—선생의 자리에서 자신의 자리로 옮겨지는—에 의해서 종교 진리는 파악될 수 있습니다. 종교 진리는 언제나 우리에게 말합니다. "너 자신으로 서라!" 그러기에 "나는 나다(I am I)"라는 외침이 이른바 사자후(붓다의 외침)로 되는 것이지요. 종교는 우리로 하여금 사자후를 토하게 합니다.

3. 철저한 홀몸

아케가라수 스님이 입적入寂하셨어요. 이제 그분은 세상에 계시지 않습니다. 우리가 아무리 애타게 불러도 우리 귀에 들리는 음성으로는 대답하시지 않습니다.

그래서 우리는 아케가라수 스님의 자리에 서서 우리 자신에게 말하려고 하지요. 그러나 그것은 앵무새처럼 선생님을 시늉하는 것일 뿐입니다. 우리는 남들에게나 자신에게나, "아케가라수 스님이 이렇게 말씀하셨다"고 얘기하려 합니다.

그것은 예수를 대신해서 말하려고 하는 것과 같습니다. 예수는 '사랑'이라는 단어를 쓰셨어요. 그러나 누가 과연 그 단어에 똑같은 의미를 담을 수 있겠습니까? 서양 속담에, "세상에는 크리스천이 단 한 명 있었다. 그는 십자가에 달려 죽었다"는 말이 있습니다.

아케가라수 스님이 우리에게 당신의 전 존재를 기울여 가르치신 것은 이것입니다.

"너 자신이 되어야 한다!"

우리 자신의 자아를 분명히 인식합시다. 그것은 선생님으로부터 완전 독립된 것입니다.

조심하지 않다가 어떤 모양으로든지 아케가라수가 되어서는 안 됩니다. 선생님은 우리가 당신 흉내 내는 것을 용납하시지 않습니다. 그분은 철저한 홀몸이에요.

그러면 이제 우리는 무엇을 해야 할까요? 자신의 내면 깊은 데서 들려오는 음성에 귀를 기울입시다. 자신의 가장 깊은 욕망을 따라갑시다.

선생님이 웃으면서, 그러고 있는 우리를 지켜보실 것입니다. 그리고 격려하시겠지요.

"할 수 있는 대로, 자네들 좋아하는 일을 하시게!"

선생-학생 관계에 대한

토막생각

1. 가장 큰 행복

이 세상에 태어난 우리의 가장 큰 소망은 참사람〔眞人〕을 만나는 겁니다. 우리가 만일 그 사람을 만난다면 그것으로 끝이지요. 더 바랄 게 없습니다. 그런데, 그 사람은 오직 한 사람이어야 해요. 우리 인생은 그를 만남으로써 목적을 이루게 됩니다. 그 만남에서 우리네 인생의 가장 큰 행복이 발견되는 거예요.

그러면, 어떻게 해야 그 사람을 만날 수 있을까요? 무엇보다도, 그 사람 만나기를 간절한 마음으로 바라지 않으면 만날 수 없습니다. 사람이라면 마땅히 그 한 사람 만나기를 강하게 바라게끔 양육되어야 한다는 뜻으로 드린 말씀이에요.

그렇게 양육된 사람은 참사람 찾는 일에 몰두할 것이고, 그렇게 찾으면 반드시 참사람이 나타날 것입니다. 사람마다 참사람 만나게 되는 인연이 다르긴 해도 그것은 진리입니다. 바로 이 만남으로 말미암아 한 사람의 행복이 이 세상에서 완성될 수 있는 거지요.

그런데 아직 참사람을 만나지 못한 사람들, 진리를 아직 모르는 사람들, 그래서 아직 인생의 참행복을 경험하지 못한 사람들이 있음은 얼마나 슬픈 일인지요! 그런 사람을 끝내 만나지 못한 채 생을 마치는 사람들이 있음은 얼마나 큰 슬픔인지요!

2. 선생님 밑에서 배워라!

한 문화 안에서 무엇을 창조한다는 것은 배우는 사람에게만 가능한 일입니다. 그리고 우리가 자신의 역사적 문화에 접목될 수 있으려면 반드시 어떤 '한' 사람을 통해서 배워야 해요. "선생님 밑에서 배운다"는 원리가 중요한 까닭이 여기에 있습니다. 예컨대, 젊은 괴테의 틀을 만들고 그것을 완성해 준 사람은

독일 철학자 헤르더Johann Gottfried Herder(1744~
1803)였습니다.

문화의 본질을 진지하게 생각하는 사람은 한 선생
밑에서 배웁니다. 그렇게 하지 않는 사람은 결코 문화
를 창조 못하지요.

"선생님 밑에서 배워라!" 이 한마디는 한 인간의
인간다운 삶이, 그리고 그의 문화적인 삶이, 무엇을
바탕으로 삼아 이루어지는 것인지를 보여줍니다. 바
로 이 바탕 위에서 사람들은 참된 행복을 발견할 수
있는 거예요.

3. 법the Dharma은 두 사람 사이로 흐른다

가섭존자迦葉尊者가 부처님께 아뢰었어요.

"여래여, 제가 만일 당신을 만나 뵙지 못했더라면
연각緣覺쯤 되어 숲 속에서 홀로 살았을 것입니다. 그
런데 다행스럽게도 부처님을 만나 뵙고 법의 통교通交

를 알게 되었습니다."

연각이란 혼자서 깨달아 자신의 '교리dogma'를 완성한 사람을 가리킵니다. 마하가섭摩訶迦葉은 지금, 자기가 만일 부처님을 만나지 못했더라면 스스로 만든 교리적 깨달음에 사로잡혀 있을 것이라고 말합니다.

"다행스럽게도 당신을 만나 뵙고 법의 통교通交를 알게 되었다"는 말은 그가 부처님을 만남으로써 두 사람 사이로 흐르는 보편적이며 생명력 넘치는 진리를 이해할 수 있게 되었다는 뜻이에요.

두 사람이 만나 모든 인간이 〔어리석은〕 범부凡夫라는 진실 안에서 하나로 될 때, 법의 통교가 이루어지는 것입니다.

마하가섭의 깨달음은 스승인 석가모니를 만났을 때 비로소 이루어졌지요. 깨달음이란 한 선생과 한 학생의 참된 관계 속에서만 가능한 것입니다.

저는 소크라테스의 대화들을 생각해 봅니다. 진리

는 두 사람 사이로 흐릅니다. 이를 가리켜 '법의 통교'
라고 부르지요.

4. 정신적 통교

언제 사람은 붓다 되겠다는 소망을 품는 것일까
요? 이 질문에 도겐은 답합니다. "선생과의 정신적 통
교를 경험할 때 그렇게 된다." 정신적 통교에 대해 좀
더 생각해 봅시다.

정신적 통교는 두 사람 사이의 인연 속에서 생겨
납니다. 인간관계 바깥에서는 생겨날 수 없는 거예요.

그러나, 붓다 되겠다는 소망을 품게까지 하는 그
런 인간관계는 어디서 이루어질 수 있을까요? 그것은
오직 역사적 상황 안에서, 역사 속의 문화적 전통에서
만 이루어집니다.

문화적 전통은 인간의 자기-깨달음의 전통이에
요. 인간의 자기-깨달음의 전통이란 한 사람에게서 다

른 사람에게로 세월을 따라 옮겨진 자기-깨달음입니다. 그러므로 정신적 통교는 참사람과 만나는 것을 의미하지요. 사람이 참사람을 만나지 못하면 붓다 되겠다는 소망을 품을 수 없어요. 여기 참사람이란 선생을 뜻합니다.

그러기에 어떤 사람이 선생을 만나지 못했다면 그는 붓다 되겠다는 소망을 품기는커녕 그런 게 있는 줄도 모를 거예요. 그는 자기-깨달음이 무엇인지 이해 못합니다. 참된 자기-깨달음이란 참사람을 만나서 자기 파멸을 경험하는 거예요. 바로 이 철저한 자기 파멸에서 우리는 절대 무無를 향한 자기-결단을 끌어낼 수 있지요.

이렇게 해서 자기-깨달음이 이루어지는 겁니다. 선생을 만나지 않고서는 자기-깨달음이 결코 이루어질 수 없어요. 그런 만남이 없으면 붓다 되겠다는 소망이 생겨나지를 않는 거예요. 그러니 이제, 붓다 되겠다는 소망을 품는 것이 곧 참된 자기-깨달음을 의미한다는, 그 밖에 다른 아무것도 아니라는, 사실이 밝혀진 셈입니다.

5. 주관적 무無

책을 읽고 경을 읽고 주석과 법문을 읽고 그것들을 자신의 변덕스런 입맛에 맞추어 이러쿵저러쿵 판단하는 일은 도무지 쓸데없는 짓입니다. 우리의 모든 논지가 한 인간에 의해, 한 영적 안내자에 의해 산산조각으로 부서지지 않는 한 우리는 석가모니의 주관적 무subjective nothing가 무엇을 뜻하는지 결코 이해 못할 것입니다.

우리가 머리로 궁리하여 무無를 이해할 수 있다고 말하는 사람이 없잖아 있더군요. 그러나 미안하지만 그 무는 진짜 무가 아닙니다. 영적 안내자를 만나지 않고서는 참된 무의 근처에도 이를 수 없어요.

신란은 호넨 밑에서 3년간 공부했습니다. 그동안

에 호넨은 얼마나 지독하게, 얼마나 가차 없이, 신란
을 날마다 순간마다 부수었던가! 그것을 생각하면 몸
을 떨지 않을 수 없습니다. 그러나 그것이 없었더라
면, '홀로 선 사람' 신란은 태어나지 못했을 거예요. 신
란이 호넨을 평생 스승으로 받들어 섬긴 것은 그의 모
든 것이 호넨에 의해 박살났기 때문입니다. ……그러
기에 우리는 무에 대한 참된 인식이, 단순히 스승의
가르침을 머리로 이해하는 것이 아니라는 사실을 압
니다. 그것은 『단니쇼』 제6장의 다음 한 문장에 잘 표
현되어 있지요. "나, 신란에게는 제자가 한 명도 없
다." 이것이 신란의 무無입니다.

6. 참된 무無 경험

　　도겐은 선생을 뒤따를 필요성에 대해 말할 때 자
연스럽게 당신의 선생이셨던 여정을 생각하고 있었습
니다. 그와 만난 일을 회상하며 도겐은 이렇게 말했지

요. "내 생애 가장 중요한 일, 나의 구도행이 끝났다." 이 한마디 말을 젖혀 두고서는 그의 깨달음에 대해 말할 것이 없어요.

선생과 학생의 참된 만남은 다만 한 가지 사실을 의미합니다. 한 사람의 인격이 다른 한 사람 앞에서 산산조각 깨어지는 것이 그것이지요. 한 인간의 모든 것이 한꺼번에 사라져 없어지는 것 말고 다른 무슨 순수 종교체험이 있겠습니까? 학자들의 머리에서 인식되는 종교체험이란, 그것이 어떤 것이든, 의미 없습니다.

무無로 된다는 것은 머리로 그려 보는 어떤 것이 아니에요. 그것은 우리 전 존재가 선생에 의해 모두 부서질 때 실제로 경험하게 되는 어떤 것입니다. 그것이 참된 무예요. 선생을 만나서 바로 그 무를 경험하는 것 말고 어디서 우리가 참된 깨달음을 얻을 수 있겠습니까?

한 예로, 참된 깨달음은 우리 자신이 세상에서 가장 사악한 인간이라는 사실을 통절히 깨닫는 것을 의미합니다. 이 사실을 깨달아 알기 전에는 무를 경험 못합니다. 만일 어떤 사람이 말하기를, 무념무상無念無想의 선정禪定에 들어 무를 경험할 수 있다고 한다면, 그보다 더 잘못 말할 수 없는 거예요.

7. 진리는 부정한다

진리는 우리가 싫어하는 무엇입니다. 그것은 안락한 것도 아니고 견딜 만한 것도 아니에요. 우리의 기대를 정면으로 꺾어 버립니다. 우리의 자아를 부정하고 죽여 버리지요. 한마디로, 그것은 우리를 죽이려는 적의 모습으로 출현합니다. 우리에게 그럴싸하게 나타나는 것은 모두 가짜예요. 우치무라 간조內村鑑三 (1861~1930, 일본 그리스도교 사상가) 선생은 말했지요. "나를 칭찬하는 자는 나의 적이다."

진리는 다만 적으로, 부정하는 자로, 나타납니다. 벗으로, 인정해 주는 자로는 결코 나타나지 않습니다.

진리는 악마 같은 것이에요. 만일 그것의 악마적 기질을 인식하지 못한다면 당신은 진리를 모르고 있는 것입니다. 진리의 한 쪽 면만 보고 그것의 파괴적인 성격을 보지 못한다면, 당신은 진리를 잘못 알고 있습니다. 천박하고 피상적인 어떤 것을, 진리 아닌 것[非眞理]을, 진리로 잘못 알고 있는 거예요.

8. 선생 없이 홀로 깨달음

불교는 전통 문화로부터 배우기를 강조한다는 점에서 매우 과학적입니다. 예컨대, 불교에는 쉰세 붓다님이 앞서 계셨다는 교리가 있지요.

석가모니는 고대 인도문화의 역사 속에서 자기 자신을 발견했습니다. 석가모니 이전에 베다경과 우파니샤드경이 없었다면, 그것들이 그를 양육하지 않았다면, 석가모니는 세상에 없었을 거예요.

석가모니는 선생 없이 홀로 깨달음을 얻은 것으로

알려져 있지요. 그러나 그것은 전승된 문화로부터 아무 영향도 받지 않았다는 뜻이 아닙니다. 그가 선생 없이 홀로 깨달았다는 말은 전승된 문화로부터 모든 것을 배운 뒤에 새로 한 발을 내디뎠다는 뜻이에요. 그의 새롭고 창조적이고 독특한 진일보進—步를 두고 우리는 그가 선생 없이 홀로 깨달음을 얻었다고 말하는 것입니다.

마찬가지로 성덕태자聖德太子는 석가모니께로부터 배우고 거기서 한 발 내디뎠습니다. 신란은 호넨한테 배우고 거기서 한 발 내디뎠지요. 베토벤이나 괴테 같은 사람들에게도 같은 말을 할 수 있어요. 이 모든 위대한 개인들great individuals은, 그들의 선배들로부터 배운 바 없었다면, 존재할 수 없었을 겁니다.

백팔십도 회심을 위한 조건

<1>

　무상無常을 인식하면 모든 것에서 해방됩니다. 해방은 무상이 되는 것이요 무상 자체로 작용하는 것입니다. 그런 뜻에서 존재하는 모든 것이 해방되었습니다. 왜냐하면 지금 있는 그대로 존재하는 것이 이미 무상으로 작용하고 있는 것이니까요. 풀, 나무, 물고기, 곤충 같은 것들은 이미 해방되었습니다. 단지 사람은 무상을 인식함으로써 그 해방을 경험하지요(또는 깨어나지요). 덧없는 존재가 덧없는 존재임을 스스로 깨달아 아는 것을 인식recognition이라고 합니다.

　인생의 근본문제는 인식을 통해서, 행위나 수련이 아니라 인식을 통해서 해결될 수 있어요. 그래서들 해방은 수행practice. 行의 문제가 아니라 앎understanding. 覺의 문제라고 말하는 것입니다. 그것은 미래에 있지 않습니다. 현재 이 순간에 있어요. 행위 또는 당위는 미래와 연결되는 바가 있습니다만 해방은 영원한 오늘에 있습니다. 해방이 인식의 문제라고 말씀드린 까닭이 여기 있습니다. 우리로 하여금 영원한 생명을 곧바로 인식하여, 우리가 지금 영원한 오늘을 살고 있다는 사실을 알게 하는 것은, 그것은 인식입니다. 다른 게 아니에요.

우리가 인식으로 말미암아 인생을 백팔십도 돌릴 때 온전히 자유로운 삶이 가능해집니다. 온전히 자유로운 삶은 우리의 노력으로 실현되는 것이 아니에요. 그것은 인식으로 말미암아 이루어지는 무엇입니다.

<2>

그러면 우리는 어떻게 무상을 인식할 수 있을까요? 인식이 이루어지는 것은 자아가 떨어져나가 없어질drops off 때입니다. 예를 들어, 석가모니는 보리수 아래에서 깨달음을 성취했을 때 인식을 경험했지요.

신란 역시 스승 호넨을 만났을 때 그것을 경험했습니다. 그분은 이렇게 말씀하셨지요. "잡다한 종교의 이런저런 수행을 포기하고 나는 [아미타의] 본원本願에 의지처를 두었다." 그것은 또한 도겐이 여정선사 밑에서 수행할 때에 실현되었습니다. 선사는 다른 수도승이 도겐과 나란히 앉는 것을 엄하게 꾸짖었다고 합니다. 도겐이 여정을 찾아뵙고 말했어요. "방금 저의 몸과 마음이 모두 떨어져나가 없어졌습니다." 그때 선사는 도겐에게 다음과 같이 말하는 것으로 대화를 마쳤다고 합니다. "그 없어지는 것 또한 없어져야 해!"

이분들 모두 우리에게 백팔십도 회심回心을 보여주십니다. 그것은 "회심은 일생에 단 한 번 있는 것"(『단니쇼歎異抄』제16장)이라는 문장에 언급된 바로 그 회심이지요. 이 철두철미한 변화를 겪지 않고서는 온몸으로 무상을 인식하지 못합니다. 따라서 우리가 물어야 할 두 번째 질문은, 어떻게 하면 백팔십도 회심을 체험할 수 있느냐는 것입니다.

<3>

백팔십도 회심은 어떻게 이루어지는 걸까요? 그
것은 우선 생로병사라는 인생의 괴로움[苦]에서 벗어
나는 길을 모색할 때, 그 길을 보여줄 선생을 찾아 나
설 때, 선생의 가르침에 따라 그 길을 탐색할 때, 그래
서 마침내 그 길을 발견할 때 이루어집니다. 마지막으
로 길 발견하는 것을 두고, 선생 없이 홀로 깨달음을
이룬다고 말하지요. 또는 자신의 참본성을 스스로 이
해하는 순수한 독자적 성취personal attainment라고도
합니다.

법장보살法藏菩薩이 스승인 세자재왕世自在王 붓다
에게 붓다 되는 길을 여쭈었을 때, 그가 얻은 답은 "스
스로 그것을 알아야 한다"는 것이었지요. 그렇게 선생
없이 혼자서 깨달음을 성취하라고 용기를 북돋아주었
던 것입니다. 사람은 자기의 참 본성을 스스로 이해하
고 발견해야 합니다. 호넨을 만나 그 밑에서 공부한
신란은 마침내, 선생 없이 홀로 깨달음을 얻었어요.

그는 이 경험을 독특한 필치로 『교행신증教行信證』여섯 권에 담았습니다. 석가모니 한 분만 선생 없이 혼자서 깨달음을 성취하신 게 아니에요.

백팔십도 회심에는 네 가지 조건이 있습니다.

1)괴로움에서 벗어나려는 욕망을 품고, 2)길을 찾고, 3)스승을 찾고, 4)혼자서 성취하는 것이 그것이에요. 이 넷은 하나라도 빠져서는 안 되는 것들입니다. 이제 그것들에 대하여 좀 더 자세히 이야기해 보기로 하겠습니다.

<4>

사람이 시끄럽게 북적거리는 일상생활에 파묻혀 있으면 인생의 괴로움에서 벗어나려는 욕망이 싹트지 않습니다. 아주 고요한 시간들이 있어야 해요. 그리고 그 고요한 시간들을 소중히 활용해 인생의 현실을 주의 깊게 살펴보아야 합니다. 그렇게 할 수 있게끔 마련된 환경과 분위기에서 양육되어야 하는 거예요. 고

요한 시간이 마련되지 않으면 자신의 삶을 관찰할 수 있게 하는 마음의 평정을 얻지 못합니다.

인생의 괴로움에서 벗어나려는 욕망은, 그가 어떻게 양육되는가와 깊이 연관되어 있습니다. 가족에 의해서, 지역사회와 전통문화에 의해서, 양육되어야 해요. 역사의 장場에서 양육되어야 합니다. 그렇지 않고서는 괴로움에서 벗어나려는 욕망이 생겨날 수 없어요. 자아를 능가한 어떤 힘에 의해서 양육되어야 합니다. 다른 말로 하면 순경順境에서 자라나야 한다는 말이에요. 반드시 역경逆境에서 자라야 괴로움을 벗으려는 욕망이 생기는 것은 아닙니다. 오히려 그 반대가 흔히 있는 경우지요. 괴로움[苦]에서 벗어나려는 욕망은 순경에서 생깁니다. 석가모니를 보십시오.

<5>

길을 찾는 것은, 예수님이 "찾아라, 얻을 것이다. 문을 두드려라, 열릴 것이다"라고 말씀하셨는데 바로

그 찾고 두드리는 것입니다. 찾고 두드리는 일 없이 백팔십도 회심은 이루어지지 않아요. 사람이 길을 찾고 두드릴 때에 비로소 스승을 찾으려는 간절한 마음이 생깁니다. 석가모니를 보십시오. 도겐을 보세요. 세례자 요한을 보세요. 그는 예수를 만났습니다. 그리고 호넨을 보십시오.

석가모니는 생전에 마지막 스승ultimate teacher을 모시지 못했습니다. 그러나 그는 몇몇 선생을 찾아보았고 그들 밑에서 열심히, 그들을 존경하면서, 진지하게 공부했어요. 도겐은 선생을 찾아 송나라 넓은 땅을 두루 헤매었지만 찾지 못했습니다. 그리하여 실망 끝에 일본으로 돌아가려고 배를 기다리고 있는데 어떤 사람이 천동산天童山에 있는 한 수도승을 찾아 보라고 일러 주었지요. 이 우연한 인연으로 도겐은 천동산을 올랐던 것입니다. 그 인연이 아니었더라면 도겐은 스승을 만나지 못했겠지요. 호넨은 같은 시대 사람들 가운데서 선생을 찾을 수 없었습니다. 그러나 당나라 고승高僧 선도善導(613~681)의 『관경소觀經疏』를 읽은 뒤로 호넨은 선도 스님께 자신을 온전히 의탁하노라 천명했던 것입니다. 이렇게 호넨에게는 글을 통해서 배우는 것이 살아 있는 스승을 모시고 배우는 것과 같았지요.

이분들을 통해서 우리는 인연의 작용을 보게 됩니다. 어떤 때는 인연이 살아 있는 스승을 만나게 하지만 또 어떤 때는 그것을 허락하지 않거든요.

<6>

백팔십도 회심의 마지막 조건인 '독자적 성취'는 더 이상 자기 능력을 의존하지 않는 것을 의미합니다. 오랫동안 자기 노력과 능력으로 그 길을 찾고자 애써 온 끝에, 문득 자아를 능가하는 어떤 힘에 의해 그 길이 이미 자기에게 주어져 있음을 깨닫게 되지요. 이제 그는 자신의 모든 노력이 쓸모없으며 무의미한 것임을 알고 그것들을 포기합니다. 그리고 눈앞에 있는 무

상의 진리를 좇아서 살기 시작하는 거예요. 그는 진리로 되는 것becoming the truth이 곧 자기 인생이라는, 그러니까 자기가 진리로써 살게끔 되어 있다는, 단순한 진실을 깨달아 압니다. 이 깨달음을 얻는 것이 '독자적 성취'에요. 그것은 진리가 사람 몸에 옹글게 배어드는, 그래서 더 이상 자기 능력을 의존하지 않게 되는, 경험입니다.

석가모니한테는 새벽 별을 보고 있을 때 이 독자적 성취가 이루어졌지요. 도겐에게는 "내 생애 가장 중요한 일, 나의 구도행이 여기서 끝났다"고 말할 때 이루어졌고요. 신란에게는 "잡다한 종교의 수행을 포기하고 〔아미타의〕 본원本願에 의지처를 두었다"고 말할 때 이루어졌습니다.

이분들 모두 진리와 기타 모든 것이 이미 그들을 위해 존재하고 있다는 사실을 인식한 것입니다. 그들이 따로 하거나 만들거나 발견할 것이 없었어요. 모든 것이 그들을 위해 준비되어 있었지요. 모든 것이 완벽하게 마련돼 있었습니다. 모든 것이 이미 완성되어 있었어요. 이것을 인식하여 자아가 본디 없음을 옹글게 경험하는 것을 두고 '독자적 성취'라고 합니다. 이것이 백팔십도 회심이에요.

<7>

자기 능력을 더 이상 의존하지 않는 것을 일컬어 백팔십도 회심이라고 합니다. 제 경우에는, 석가모니가 이미 모든 진리를 다 밝히셨다는 사실을 분명히 인식했을 때 심신이 함께 떨어져 나갔어요. 그때까지 저는 자신의 철학 체계를 가져야 하며 그것을 스스로 세워야 한다고 생각했습니다. 그런데 석가모니가 모든 진리를 밝히셨다는 사실을 인식하는 순간 어깨에서 무거운 짐이 벗겨지는 느낌이었어요.

석가모니가 모든 것을 이미 준비해 두었습니다. 진리가 석가모니를 통하여 완벽하게 자신을 드러냈단 말입니다. 더 보탤 것이 없었어요. 제가 할 유일한 일은 석가모니를 따르는 것, 그분 말씀대로 사는 것입니다. 그를 따르는 것은 진리 자체를 따르는 것입니다. 그것은 진리의 계시였어요. 저는 뜻하지 않게 석가모니 안에서 진리를 만났습니다.

불자佛者가 마땅히 석가모니를 따라야 한다고는 말씀드리지 않겠어요. 그러나 불자라면 반드시 진리 the truth를 따라야 합니다. 저는 진리를 찾아다녔습니다. 그리고 놀랍게도, 25세기쯤 전에 석가모니에 의해서 그 진리가 발견되었다는 사실을 문득 깨달았지요. 제가 새삼스럽게 철학적 탐구를 할 필요가 어디 있습니까? 제 어깨를 짓누르던 짐이 모두 날아가 버렸습니다. 이 깨달음으로 저는 다시 태어났어요. 저는 지금 새로운 존재가 되어 쉽고 평탄한 삶을 살고 있습니다.

<8>

우리는 석가모니를 따라서, 선생 없이 홀로 깨달음을 이루어야 합니다. 진리 자체를 인식해야 해요.

저에게는 석가모니가 정신적 안내자입니다. 석가모니는 신란에게도, 그를 진리 자체인 아미타에게로 이끈 영적 안내자였지요. 진리 그 자체를 보는 것은 잊어버리고 영적 안내자만 의존하는 것을, 영적 안내자에 대한 그릇된 의존(또는 우상화)이라고 합니다.

이나바 성省의 겐지를 이끌어 준 영적 안내자는 보다이 절에 있던 한 수도승이었지요. 겐지는 '경이로운 사람'으로 알려져 있습니다. 그러나 겐지는 자기 선생을 우상으로 만들지 않았어요. 호넨은 신란의 선생이었습니다. 호넨은 신란이 진종상승眞宗相承의 조사祖師로 정한 일곱 분 고승 가운데 마지막 분이었지요. 그러나 신란도 호넨을 우상으로 만들지 않았습니다.

석가모니에 의해 진리가 저에게 드러났을 때 저는 저의 전 존재가 떨어져 나가 없어지는 것을 경험했습니다. 그것이 저의 백팔십도 회심이었어요. 지금도 그것을 깨달았을 때 경험했던 기쁨을 잊을 수 없습니다. 그것은 저를 힘들게 하던 모든 짐이 갑자기 벗겨지는 느낌이었어요. 나 자신을 위한 철학 체계를 만들어야 한다던 고집스러운 생각이 홀연 사라져 버린 것입니다. 아아, 얼마나 쉽고 풍요하고 완전하고 조화로운 세상이 석가모니를 통하여 나에게 주어졌던가! 동시에 저는 석가모니 안에서 온 세계를 보았습니다.

<9>

신란은 아마도 『무량수경』을 통해서 이 해방감을 느꼈을 것입니다. 그도 틀림없이 무거운 짐이 벗겨지는 것을 경험했을 거예요. 도겐은 여정선사를 통해서 그것을 경험했습니다. 도겐과 신란은 그들의 경험을 남에게 나눠 주고 싶었지요. 그래서 『정법안장』과 『교행신증』을 쓰게 된 것입니다. 그들은 진리를, 석가모니가 밝혀 준 진리를, 남에게 물려주고자 했어요. 저도 같은 느낌입니다. 제가 석가모니를 예배하는 것은 그가 위대한 성인이기 때문이 아닙니다. 저에게 결정적으로 중요한 것은 석가모니를 통해 계시된 진리예요.

진리가 계시되기 전에는 저의 자아가 별로 중요한 것이 아니었습니다. 그게 다예요. 저는 석가모니주의Śākyamuni-ism도 붓다주의Buddha-ism도 불교주의 Buddha teaching-ism도 주창하지 않습니다. 제 앞에는 오직 한 길, 진리로 통하는 길이 있을 뿐이에요.

<10>

인생의 근본 문제를 해결하기란 쉬운 일이 아닙니다. 이나바 성眷의 겐지는 열아홉에 부친을 여의었는데 그에게 남긴 부친의 유언은, "내가 죽거든 부디 네 진짜 부모님[아미타]을 의지하여라"였습니다. 그 뒤로 겐지는 10년 동안 고통스럽게 구도求道의 세월을 보냈지요. 편안하고 태평스러운 생활태도로 유명한 이른바 '경이로운 사람들'이 태어나기까지는 이런 어려움이 있었던 것입니다.

도겐은 그의 책 『보권좌선의普勸坐禪儀』에서 석가모니 같은 천재도 고행과 명상으로 여섯 해를 보내야

했다고 말합니다. 우리 또한 인생의 근본 문제를 풀기 위해 오랜 세월 구도의 험한 길을 부지런히 걸어야 합니다. 나는 예수님이 세례자 요한을 만나기 전까지, 1년 남짓(아니면 길어야 3년쯤) 계속된 공생활公生活을 시작하기 전까지, 힘든 구도의 과정을 거치셨다고 생각합니다. 비록 예수님의 성장기에 관한 기록은 없지만, 그분은 틀림없이 서른 살 되기까지 구도의 길을 부지런히 걸었을 거예요. 인생의 근본 문제를 해결하는 일은 누구에게나 쉽지 않습니다.

신란은 '쉬운 길[易行]'을 말합니다. 그러나 그 길은 신란이 어렵게 구도의 길을 걸은 끝에 비로소 도달한 평상심平常心의 경지[있는 그대로 모든 것이 옳다는 깨달음]인 거예요. 따라서 그가 말씀하신 '쉬운 길'은 게으른 자들이 꿈꿔 보는 그런 것이 아닙니다. 나아가, 남전보원南泉普願 선사는 "평상심이 곧 도道라"고 말씀하셨거니와 그 또한 힘든 구도 과정을 결정結晶, crystallization시켜 말씀하신 것이었습니다.

좋으신 분의 말씀

154

　　"이 신란親鸞에게 있어서는, 다만 염불을 하여 아미
타 부처님의 구원을 입어야 한다고 하신, 좋으신 분 호
넨 성인法然聖人의 말씀을 받아, 이를 그대로 믿을 뿐,
그 외에 각별한 사연을 갖고 있지 못합니다."(『단니쇼歎
異抄』제2장)

　　신란은 당신의 스승 호넨에게 '좋으신 분the good
person'이라는 호칭을 씁니다. 신란에게 있어서 '좋으
신 분'은 당신의 한 분밖에 없는 선생을 가리킵니다.
온몸과 마음을 기울여서 배우는 선생이지요. 그 좋으
신 분과 맺는 관계는 한 여인이 남편과 맺는 관계 비
슷합니다. 여인은 남편을 사랑하고 그리고 마침내 한
몸이 되지요. '좋으신 분よきひと'이란 말은 '고귀한 사
람かさん'이라는 말과 뿌리가 같습니다. '좋으신 분'이

라! 얼마나 근사한 말인지요!

선생-학생 관계는 사랑에 빠진 두 연인의 관계와 같습니다. 한 사람이 자기 전 존재를 상대한테 내어주는 거예요. 삿보로의 농업학교에서 우연히 그리스도교 선교사를 만났기에, 우치무라 간조 씨는 자신의 일생을 그리스도에게 바쳤습니다. 오직 예수님께 자신을 바쳤던 우치무라 씨는, 자기 뜻에 따라, 신란에게 자기를 내어줄 수도 있었지요. 제가 이런 말씀을 드리는 데는 그럴 만한 근거가 있습니다. 그분이 이런 제목으로 쓴 글이 있거든요. 「내 신앙의 벗들—겐신源信, 호넨法然, 그리고 신란親鸞」.

누구에게 자기를 내어 맡길 것인지를 결정짓는 것은 운명運命입니다. 어떤 여자도, 태어날 때부터 남편감을 선택했다고는 말할 수 없지요. 마찬가지로, 누구도 어느 분을 선생으로 모실 것인지에 대해 미리 말할 수 없는 겁니다. 누구에게 자기를 내어 맡길 것인지, 그것을 정하는 데는 운명이 결정적 역할을 합니다. 운명이 작용하지 않으면 진정한 신뢰감이 생겨날 수 없어요.

우리가 자신의 전 존재를 던져 버리는, 캄캄한 어둠 속에 뛰어드는, 그런 아찔한 경험을 하게 되는 것은 순전히 '우연한 사건들' 때문이지요. 운명의 주사위가 던져졌다는 생각이 들 때 사람은 쉽게 자신의 일생을 선생에게 내어주고, 그와 더불어 목숨 건 구도행각에 나서는 것입니다. 신뢰에 생명을 넣어 주는 것은 바로 운명입니다.

어떤 대상에게 쏟는 우리의 사랑은 우리 맘대로 좌우되지 않습니다. 그것은 윤리의 문제가 아니에요. 우리의 의도와 계획을 초월합니다. 우리는 그것을 여래의 섭리 또는 불가사의한 업연業緣이라고 부르지요. 어쨌든, 그것은 '인간의 능력을 초월하는 힘'이 하는 일입니다. 그것은 우주의 거대한 생명the great life of universe으로 뚫고 나아감breakthrough opening이며, 우리는 그것을 직면하고 있습니다. 이 뚫고 나아감 또는 어떤 결정적 경험은, 어디까지나 우연偶然이지요.

　뚫고 나아감이 비록 우연으로 이루어지기는 하지
만, 그것은 우리를 우주의 거대한 생명으로 이끌어 갑
니다. 우주의 생명은 참된 것이에요. 그것만이 유일한
현실reality입니다. 우리가 그것과 만나게 되는 것 또
는 그것에 의존하게 되는 것은 우연이 아닙니다. 그것
은, 우주의 생명 쪽에서 볼 때, 필연必然이에요. 여기에
참된 신뢰의 필연적인 면이 있습니다. 참된 신뢰에는,
그 무엇으로도 흔들리거나 어지럽힐 수 없는, 요지부
동 단단한 면이 있는 겁니다. 실로 참된 신뢰는 후퇴
를 모른다고 말씀드릴 수 있겠습니다.

　"좋으신 분의 말씀을 받아들이고 신뢰하는 것"으
로 묘사되는 선생과 학생의 관계는 앞에서 말씀 드린
연인 관계와 흡사한 바 있습니다. 연인 관계를 미루어
서 그것을 이해할 수 있지요. 그러나 한 가지 다른 점
이 있어요. 연인 관계에서는 내가 사랑하는 그 '사람'
이 중요하지요. 그러나 선생–학생 관계에서는 선생을

통하여 빛을 비추는 '법'이 중요합니다. "그분 말씀을 받아들이는 것" 그것이 중요하다는 말씀이에요. 신란은 호넨 안에서 아미타 부처님을 보았습니다. 그냥, 호넨이라는 사람을 본 게 아닙니다.

학생이 선생한테서 '법'을 보지 못할 때, 이른바 '선생에 대한 잘못된 의존'이 생겨나지요. 선생이 가지고 있는 것들 가운데 가장 중요한 것은 '법'입니다. 그의 인격도 재질도 아니에요. 법이, 염불을 통하여 아미타 부처님의 구원을 입는다는 법이, 그게 가장 중요한 것입니다. 우리는 선생이 당신 몸으로 체현하고 있는 '법'에 곧장 다가가야 해요. 사람이 아니라, 인격이 아니라, 법을 봐야 합니다. 직접 여래를 만나야 하는 거예요.

여기서 말하는 '법'은 우주의 생명 바로 그것입니다. 그것이야말로 우리가 눈길을 모아 자세히 봐야 하는 대상이에요. 우리는 그것에 의존해야 합니다. 그것은 사람이 아닙니다. 선생은 우리에게 "나한테로 오라!"고 말하지 않습니다. 그는 언제나 이렇게 말하지요. "나를 관통하여 법으로 나아가라!" 이 사실을 한 순간도 잊어서는 안 됩니다. 선생이란, 그것을 통하여 우주의 생명인 법과 우리가 만나는, 열려 있는 통로입니다.

선생은 우리로 하여금 우주의 거대한 생명에 대해 깨어나게 합니다. 여자를 사랑하는 남자에게 있어서, 이 생명과 그의 관계는, 헤겔의 술어를 빌려, '안 시크 (an sich, 그 자체 안에)'입니다. 그러나 선생한테 배우는 학생에게 있어서 그와 우주 생명의 관계는, '휘르 시크(fir sich, 그 자체를 위하여)'지요. 스스로-깨어남의 문제인 거예요. 선생은 학생으로 하여금 선생을 의존하게 하지 않습니다. 그로 하여금 우주의 생명에 의존하고 그래서 참된 홀로서기를 얻게 하지요. 우주의 생명에 의존하여 홀로 서기-이것이 (선생에 대한) 참된 신뢰의 내용인 것입니다.

신란이 문장 첫머리에 단호한 어조로 "이 신란에

게 있어서는" 하고 말씀하신 데는 깊은 까닭이 있습니다. 선생은 우리를 홀로 서게 해주는 사람이에요. 문자 그대로, "좋으신 분"이지요.

비"
록
속
는
일
이
있
다
하
여
도……
"

　도겐은 이렇게 말씀하셨습니다. "오류에 빠지기 쉬운 사람이 오류에 빠질 수 있음을 의지처로 삼는다 (Being fallible, one takes refuge in fallibility)." 이 말씀은 마치 사람이 잘못을 저지르고 다시 잘못을 저지른다는 말처럼 들립니다. 그러나 반대로, 『정법안장』의 한 '疎疎'는 이렇게 말하지요. "오류에 빠지기 쉬운 사람이 오류에 빠질 수 있음을 의지처로 삼는다. 이 말은 해방의 내용the content of liberation을 서술하고 있다."

　저는 도겐의 이 말씀을, 『단니쇼』 제2장으로 풀어 보고자 합니다.

　먼저, "오류에 빠지기 쉬운"의 '오류'는 자신이 저지를 수 있는 잘못을 가리킵니다. 그것은 다음 문장 속의 '나(親鸞)'를 말하지요.

"염불을 하는 것이 과연 정토에 왕생할 인因인지 아 니면 지옥에 떨어질 업業인지, '나'는 도무지 모릅니다."

(『단니쇼歎異抄』제2장)

이 '나'야말로 오류에 빠지기 쉬운 바로 그 사람 아닙니까? 미혹에 빠지기 쉬운 바로 그 사람 아닌가 요?

다음으로, "오류에 빠질 수 있음을 의지처로 삼는 다"의 '오류'는 남이 저지를 수 있는 잘못을 가리킵니 다. 그것은 신란의 스승 호넨이 저지를 수 있는 잘못 이지요. 스승 호넨에 관련해 신란은 이렇게 말하고 있 습니다.

"비록 호넨 성인한테 속아서 염불을 했다가 지옥에 떨어진다 하더라도, 나는 후회하지 않을 것입니다."

어째서 호넨이 "오류에 빠질 수 있는" 것일까요?

그가 신란을 속일 수 있기 때문입니다. 그가 신란을 속이는 것은 얼마든지 있을 수 있는 일이에요. 사람을 속일 가능성을 지녔다는 사실 자체가 벌써 '오류에 빠질 수 있음'을 말해 주고 있는 것입니다.

　여기서 신란은 호넨을, 오류에 빠질 수 없는 사람으로, 절대 잘못을 저지르지 않는 사람으로, 이해하고 있지 않습니다. 신란 본인의 눈이 욕망과 열정으로 뒤섞여 있기 때문에 그의 눈에 비친 호넨의 모습은 흐릿하고 몽롱합니다. 신란이 색안경을 쓰고 있기에 그가 보고 있는 호넨도 같은 색깔을 하고 있지요. 잘못 볼 수 있는 신란의 눈에는 그의 선생 또한 잘못을 저지를 수 있는 사람으로 보입니다. 그래서 신란과 호넨의 관계를 말로 표현하면, "오류에 빠지기 쉬운 사람이 오류에 빠질 수 있음을 의지처로 삼는다"가 되는 거예요.

　두 사람 사이에는 오직 '오류에 빠질 수 있음'만이 있습니다. 그 밖에 아무것도 없어요. '오류에 빠질 수 있음'이 유일한 현실입니다. 그것은 온전하고 순수한

'오류 가능성'이에요. 그래서 "이 말은 해방의 내용을 서술하고 있다"는 풀이가 가능한 것입니다.

반대로, 신란이 이렇게 말했다고 생각해 봅시다. "호넨은 절대 잘못을 저지를 수 없는 분이시다!" 그 말이 뜻하는 바가 무엇이겠습니까? 그것은 오류(어둠)와 진실(밝음)이 서로 맞서는 이분법二分法, dichotomy을 보여주고 있거니와, 그런 관계 안에서는 해방이 있을 수 없습니다.

만일 신란이 호넨을 그런 식으로 보았다면, 정말 이상한 일이 아닐 수 없지요. 스스로 오류에 빠질 수 있는 사람이라고 말한 신란이 스승 호넨에 관하여 분명하고 틀림없는 판정을 내리고 있는 셈이니까요. 그렇게 되면 신란의 '오류에 빠질 수 있음'이 참된 것일 수 없지요. 그런데 현실에서는, 신란이 호넨한테 배우면서 그가 진짜인지 가짜인지 모르겠다고 말하는 것입니다.

제 식으로 표현하자면, 신란은 지금 이렇게 말하

고 있는 거예요. "내가 시방 잘못을 저지르는 것일 수
도 있습니다만 그래도 나는 호넨 성인에게로 갑니다."
한 사람이 자기 생애를 다른 한 사람에게 맡길 때에는
이렇게 하는 것입니다. 참된 신뢰는 생애를 거는 거예
요. 판단과 선택의 문제가 아닙니다. "오류에 빠지기
쉬운 사람이 오류에 빠질 수 있음을 의지처로 삼는"
것은 한 사람의 생애를 다른 사람의 생애에 무조건 맡
기는 일이에요. 그것은, 말하자면 두 사람의 생애가
아무 조건 없이 결합되는 것입니다. 그것을 일컬어 참
된 신뢰라고 하지요.

　　예를 들어, 한 여자가 남자와 혼인을 맺는다 합시
다. 그것은 여자가 남자에게 자신의 인생을 맡기는 것
이요. 그래서 두 사람의 생애가 조건 없이 하나로 결
합되는 것입니다. 혼인이야말로 참된 신뢰가 어떤 것
인지를 보여주지요. 나아가 우리는 인간의 모든 결합
unions에 대해서 같은 말을 할 수 있습니다. 예컨대,
버스를 탈 때 우리는 전혀 모르는 사람인 버스 기사에

게 목숨을 맡깁니다. 그러므로 우리는 한 사람이 다른 사람과 결합하는 것이 "전혀 다르고 독립된 본체들 entities의 만남"이요, 절대 이어질 수 없는 것들의 이어짐, 또는 논리로 해명되지 않는 결합임을 압니다. 두 사람의 결합이 절대 이어질 수 없는 것들의 이어짐인 까닭에 우리는 그것을 참된 신뢰라고 부르지요. 세상의 모든 것이 이와 같은 결합으로 구성되어 있기에 이 세계는 참된 신뢰로 이루어진 세계라 불릴 수 있을 것입니다. 우리는 이미 참된 신뢰로 이루어진 세상에 살고 있어요. 남자와 여자 사이에서뿐만 아니라 모든 곳에서 우리는 참된 신뢰를 봅니다.

다시 선생-학생 관계를 말해봅시다. 저는 이렇게 말하겠습니다. "우리는 흔히 자기 선생을 '진짜' 선생으로 여기고 있다. 그러나 사실은 그가 과연 진짜 선생인지 가짜 선생인지 모른 채로 그에게 배우고 있는 것 아닌가?" "오류에 빠지기 쉬운 사람이 오류에 빠질 수 있음을 의지처로 삼는다"야말로 참된 선생-학생 관계의 유일한 바탕the only basis입니다. 이 순진한 관계가 이루어지지 않는다면, '참'선생은 존재할 수 없는 거예요.

"오류에 빠지기 쉬운 사람이 오류에 빠질 수 있음을 의지처로 삼는다"는 말은 순진한 헌신이 어떤 것인지를 보여줍니다. 그런 까닭에 이 말을 '해방의 내용'이라고 하는 겁니다.

우리가 자신을 가리켜, 오류에 빠지기 쉬운 존재 아닌 다른 어떤 존재로 과연 설명할 수 있는 걸까요? 성덕태자는 말했습니다. "내 어리석은 머리로는 알 수 없다." 신란도 자신을 가리켜 "어리석은 민머리 신란"이라고 했어요. 그들은 자신이 오류에 빠지기 쉬운 존재임을 알았습니다. '오류에 빠질 수 있음fallibility' 말고 다른 무엇을 (오류에 빠지기 쉬운) 우리의 의지처로 삼을 수 있겠습니까?

우리는 잘못을 저지를 수 있습니다. 하지만 그래서 오류에 빠질 수 있음을 의지처로 삼지 않을 수 없는 거예요. 이것이 우리가 살아가는 기본 양식 아닙니까? 이것이 인간의 삶 밑바닥을 받치고 있는 원리 아닌가요?

"오류에 빠지기 쉬운 사람이 오류에 빠질 수 있음을 의지처로 삼는다"는 말은 우리네 인생의 기본 성격을 보여주고 있습니다. 사람의 삶은 참된 신뢰genuine trust 바로 그것이에요. 나는 "오류에 빠지기 쉬운 사람이 오류에 빠질 수 있음을 의지처로 삼는다"가 참된 신뢰의 내용을 보여주고 있다고 말하지 않을 수 없습니다. 우리는 실제로 "오류에 빠지기 쉬운 사람이 오류에 빠질 수 있음을 의지처로 삼는다"에 자기 생애를 걸고 순간순간 살아가는 것이지요.

나는 『정법안장』에서 "오류에 빠지기 쉬운 사람이 오류에 빠질 수 있음을 의지처로 삼는다"를 발췌하여 도겐과 신란이 근본에서 같고 또 하나임을 설명코자 했습니다. 선종禪宗과 진종眞宗이 다르다고 생각하는 이들은 이 말을 어떻게 해석할는지요?

　선종에서는 깨달음enlightenment을 가장 중요한 것으로 여기는데 그것을 '오류에 빠질 수 있음fallibility'과 동일시합니다. 얼마나 존귀한 '오류 가능성'입니까? 그래요. 얼마든지 오류에 빠질 수 있는 겁니다! 이 한마디, '오류에 빠질 수 있음'이야말로 도겐의 정수精髓예요. 성덕태자도 "어리석은 범부"라는 말을 쓸 때 같은 내용을 담았던 것입니다. 신란은 한 걸음 더 나아가 "욕망과 고통으로 가득 찬 어리석은 범부"라고 썼지요. 우리의 해방은 자신을 이 '오류 가능성'에 일치시킬 수 있느냐 없느냐에 달렸습니다.

　내가 과연 오류에 빠지기 쉬운 존재 말고 다른 무슨 존재일 수 있을까요? 이 세상에 살고 있는 사람으로서, 오류에 빠지기 쉬운 존재 아닌 다른 무슨 존재로 살아가는 이가 있을까요? "오류에 빠지기 쉬운 사람이 오류에 빠질 수 있음을 의지처로 삼는다는 말이 해방의 내용을 서술한다"는 풀이를 높이 평가하지 않을 수 없습니다.

저는 앞에서 "오류에 빠지기 쉬운 사람이 오류에 빠질 수 있음을 의지처로 삼는다"는 말은 인생의 밑바닥을 받쳐주는 원리라고 했습니다. "오류에 빠지기 쉬운 사람"은 자신입니다. "오류에 빠질 수 있는 사람"은 남〔他人〕이고요. 그러므로 "오류에 빠지기 쉬운 사람이 오류에 빠질 수 있음을 의지처로 삼는" 것은 자기와 남의 하나 됨oneness을 실현하는 것입니다.

이제 우리는 이 세계가, 하나의 진실, '오류에 빠질 수 있음'이라는 진실을 드러내 보여주는 장소임을 알았어요. 이 깨달음으로 우리는 자신이 평화롭고 밝은 세상에 살고 있음을, 우리가 이미 해방되었음을, 보게 되는 겁니다.

"나신란에게는 제자가 단 한 명도 없다"

아무리 존경하는 선배들의 말씀이라 해도, 만일 우리가 그들의 이 말씀 저 말씀을 한꺼번에 듣고자 한다면, 그것들은 객관적 논리의 문제일 뿐이지요. 그렇게 할 때 우리의 주된 관심은 그들의 가르침을 받는 데 있지 않습니다. 우리는 자기 자신을 탐색하는 일이 아니라 선배들의 말을 가지고 토론하는 데 재미를 보고 있는 겁니다.

선배들의 말을 인용코자 한다면 마땅히 '한 말씀'만 인용해야 합니다. 그리고 우리의 자아가 그 말씀을 정직하고 당당하게 마주 대해야 합니다. 우리의 자아를 실험대 위에 올려 놓고 선배의 날카로운 말씀으로 그것을 꼼꼼히 파헤쳐 보아야 해요. 그렇게 할 때 비로소 우리는 제대로 가르침을 받고 있는 것입니다.

만일 내가 "신란은 이렇게 말씀하셨는데 그것은

예수님의 이런 말씀과 비슷하고, 도겐은 같은 생각을
다른 각도에서 이렇게 말씀하셨다"고 말한다면, 진열
장에 여러 물건을 늘어놓고 보여주는 사람과 다를 바
없겠지요. 단순하게 구경꾼들 틈에 섞여 있는 거예요.
나의 이 '나this self of mine' 혼자서 가르침을 받아야
합니다.

　이 선배의 이 말씀과 저 선배의 저 말씀을 나란히
놓고 그 사이의 논리적 연관을 조사하여 밝혀 낸다는
게 도대체 무슨 소용입니까? 나 자신의 해방이 결정
적 문제로 걸려 있는 판에 그것들이 다 무슨 소용이냐
말입니다. 선배들 말씀의 논리적 연관이 아니라 역사
적 연관이라 해도 마찬가지에요. 한 선배의 말씀에서
중요한 것은 그것이 다른 선배의 말씀과 역사적으로
어떻게 연관되어 있느냐가 아닙니다. 논리적 탐구나
역사적 연구 따위는 해방될 필요가 없는 한유閑裕한
사람들의 쓸모없는 사업useless undertaking이에요.

　신란이 쓴 『교행신증』을 읽는 사람들도 무익한 조

사 연구의 위험에 쉽사리 빠져들 수 있습니다. 우리는 차라리 『단니쇼』를 통해 우리네 삶의 피 흐르는 단면도를 직면함으로써 바로 이 순간 자아의 실체를 똑바로 봐야 해요. 나는 『단니쇼』가 단편적 말씀들을 모아 놓은 책이어서 고맙습니다. 우리로 하여금 본문을 객관적 논리의 관점에서 보게 하는 위험이 미연에 방지되어 있으니까요.

누가 이렇게 말한다고 합시다. "신란이 자기를 가리켜서 '어리석은 민머리 신란'이라고 부른 것은 호넨이 자기를 가리켜 '바보 호넨'이라고 불렀기 때문이다. 나아가, 우리는 이와 같은 자기 묘사의 연원을 성덕태자의 저술에서 찾아볼 수 있다. 『법화경 주석』에서 성덕태자는 '내 어리석은 머리로 알 수 없다'고 했으며 '17조 헌법'에서도 '우리는 모두 어리석은 범부'라고 했다."

도대체 이런 말이 어디에 소용이 있습니까? 우리로서는 이런 자기-묘사들 가운데 하나를 제대로 만나 그것이 우리의 자아-망상을 단번에 깨뜨려 준다면, 그로써 충분한 것입니다. 내가 나의 '어리석은 민머리'를 알기 위하여, '어리석은 민머리들'의 계보, 역사, 논리 따위를 알아야 할 이유가 어디에 있습니까?

니콜라우스 쿠자누스Nicolaus Cusanus(1400~1464, 독일 신비주의 철학자)는 "무지無知의 지知, knowledge of ignorance, docta ignorantia"에 대해 말했습니다. 우리가 만일 그것을 객관적으로 본다면, 무지의 지가 아니라 무지의 지에 대한 지가 되겠지요. 무지의 지는 단순히 머리를 숙이고 "나는 아무것도 모른다"고 말하는 것입니다. 마찬가지로, 신란이 자기를 가리켜 어리석은 민머리라고 불렀다는 사실에 '관하여' 안다는 게, 그게 무슨 소용입니까? 더구나 그 말의 전통, 계보, 역사, 논리 따위를 아는 것에 무슨 의미가 있단 말입니까?

선배들의 말씀인 고전을 인용할 때에는 그것을 인용하고 싶어 하는 자신의 마음을 주의 깊게 살펴보아야 합니다. 전통적으로 불자佛者들의 논쟁에서는 먼저 고전을 인용한 쪽이 지는 것으로 되어 있지요. 여기에는 매우 깊은 뜻이 있다고 생각합니다.

나아가서 우리가 고전을 인용한다 하더라도 과연 그것을 제대로 알고 인용하는 걸까요? 예수님은 '사랑'이란 말을 쓰셨습니다. 그러니까 누구나 사랑이란 말을 인용할 수 있어요. 그러나 그분의 사랑과 우리의 사랑은 하늘 땅 만큼이나 다른 것입니다. 누군가 이렇게 말했다지요. "이 세상에 진짜 크리스천은 오직 한 사람 있었다. 그는 십자가에 달려 죽었다." 참 적절한 말씀입니다.

저는 선배들 말씀을 줄줄이 인용하는 사람이 싫습니다. 그렇게 선배들 말씀을 인용하면서 은근슬쩍 자신을 그분들과 같은 줄에 세우고 있는 것 아닌가 의심스럽습니다.

자신의 해방이 관련된 이상, 우리는 언제 어디서나 오직 한 분 선생님을 모셔야 한다고 생각합니다.

그러기에 저는 우치무라 간조 선생이 예수님 말씀을 자주 인용한다고 해서 그 때문에 마음이 불편하지 않습니다. 우치무라 선생은 예수님을 당신의 유일한 스승으로 모시고 항상 그분과 얼굴을 마주대하는 분이지요.

마찬가지로 저는 신란이 『교행신증』에서 많은 인용문을 열거하지만 그 때문에 마음이 거북하지 않습니다. 그분이 그렇게 하시는 것은 항상 당신을 상대해 주시고 더불어 상의해 주시는 여래를 대면하고 있기 때문이에요. 그렇지 않다면, 『신권信卷』 끝에 가서 다음과 같이 갑작스럽고도 자연발생적인 고백을 할 수 없었을 것입니다. "나는 이것을 내 마음 밑바닥에서부터 안다. 참으로 슬픈 일이다! 어리석은 민머리 신란이여……." 이른바 학자들의 논문에서는 그런 자연발생적 고백이 중간에 발견될 수 없는 일이지요. 신란이 열거한 인용문은 모두 여래 바로 그분의 말씀입니다.

중요한 한 가지는, 나 혼자서, 다른 누구도 아닌,

나 혼자서 가르침을 받는다는 사실입니다. 저는 제 선생님〔아케가라수 스님〕과 항상 얼굴을 마주 대하고 있어야 해요. 이 기본자세를 망각할 때 남들에게 다르마를 설교하기 시작하는 겁니다. 그리하여 선생-심보 또는 설교자-심보에 빠져드는 것이지요.

저는 저에게 말하지 않을 수 없습니다. "선생님한테 배우기를 한순간도 멈추어서는 안 된다. 너는 해방되기 위하여 이 세상에 남아있는 유일한 인간이다." 제가 저에게 이 말을 할 때, 그리하여 저의 상태를 분명히 인식할 때, 문득 저는 해방되어 있는 저 자신을 보게 됩니다. 이것이야말로 불가사의한 해방이지요. 저는 이를 신란의 다음 한마디에서 배웠습니다.

"나, 신란에게는 제자가 단 한 명도 없다!"

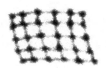

남의 선생 되기를 거절함

『단니쇼歎異抄』에서 신란親鸞은 말합니다.

전수염불專修念佛하는 이들 사이에, "이는 내 제자다, 저는 그의 제자다" 하고 언쟁합니다만, 있을 수 없는 일입니다.

나, 신란에게는 제자가 한 명도 없습니다. 하기는 내 재량으로 누군가에게 염불을 시킬 수 있었다면야 그를 내 제자라고 할 수 있겠지요. 그러나 아미타 붓다님에 의해 염불을 하게 된 사람을 내 제자라고 한다면, 말이 안 됩니다.

사람들이 만나는 것은 만나게 되어 있는 인연 때문입니다. 사람들이 헤어지는 것도 헤어지게 되어 있는 인연 때문이지요. 그러므로 어떤 사람이 한 선생을 떠나 다른 선생 문하에서 염불을 한다고 하여 그가 정토

에 왕생할 수 없다고 말해서는 안 되는 것입니다. 그렇
게 말하는 사람들은 지금, 여래께서 주신 신심을 자기
들이 준 것인 양 도로 가져갈 수 있다고 말하는 것일까
요? 말이 안 되는 소리올시다.

　어떤 사람이 자연의 이치에 조화를 이루어 산다면
그는 한량없는 붓다님의 자비와 선생님의 자비에 깊이
감사하게 될 것입니다.(『단니쇼』, 제6장)

이제부터 이 장章을 풀이해 보겠습니다.

**전수염불하는 이들 사이에, "이는 내 제자다, 저는 그의 제
자다" 하고 언쟁합니다만, 있을 수 없는 일입니다.**

"전수염불하는 이들"이란 자기 힘으로 자신을 계
발코자 했다가 그 노력이 아무런 실효도 거둘 수 없음
을 알고 절망한 사람들을 가리킵니다. 결국 '염불' 말
고는 구원받을 다른 방편이 없는 사람들이에요. 이런

과정을 겪는 동안 그들은 어떤 가르침을 받게 되는데 그 가르침에서 기쁨을 발견하고는 그것을 남들에게 전해 주고 싶어 하지요. 그래서 "이는 내 제자고 저는 그의 제자다"라는 분별심이 생겨나는 겁니다. 이 분별심은 남을 통제하려는 욕심에서 나옵니다. 마침내 파派가 만들어지고 그들 사이에 다툼이 벌어지지요. 파마다 다른 파를 통제하려 드니까 경쟁과 분쟁이 일어나는 것은 당연한 일입니다.

염불을 통하여 해방을 얻는 것과 분쟁에 휘말리는 것 사이에 도대체 무슨 상관이 있단 말입니까? 그런데도 성덕태자께서 '17조 헌법' 첫째 조목條目에 밝히신 대로, "대다수 사람들이 파를 짓고, 참된 길에 이르는 자 매우 드뭅니다." 이것이 인간 세상의 현실이에요. 순수한 종교가 이른바 '신흥종교'로 전락되는 까닭이 바로 여기 있어요.

무엇이 "이는 내 제자고 저는 그의 제자다"라고 말하는 사람들 사이에 분쟁을 일으키는 걸까요? 그들이

지니고 있는 교리의 차이입니다. 그것이 분파를 일으
키는 거예요. 다른 교리가 만들어지지 않았다면 사람
들은 논쟁도 하지 않았을 테니까요.

교리란, 스스로 선생 자리에 앉으려는 자들한테는
반드시 필요한 물건입니다. 그런데 그런 자들이야말
로, 염불을 통해 해방을 경험하는 근본적 종교 체험에
서 얼마나 먼 거리에 있는 자들입니까! 종교를 통하여
완전한 해방을 경험하는 보편적 종교체험에서 얼마나
거리가 먼 자들입니까!

교리 따위를 옹호하는 일에 반대함으로써, 신란은
참된 종교체험이 어떤 것인지를 밝히 드러냅니다. 그
는 또한 분파의 문제, 다른 분파를 통제하려는 마음
자세의 문제를 암시적으로 다루고 있지요. 신란은 '분
파들' '교리들' 또는 '남을 통제하는 힘' 따위를 철두철
미 부정합니다. 말 그대로 전적인 부정이에요.

나, 신란에게는 제자가 한 명도 없습니다.

신란은 자신이 크나큰 업인業因을 지고 살아가는 어리석은 범부일 따름이라고 말합니다. 그 비천한 범부가 (일체 중생을 제도하겠다는) 아미타 붓다님의 대자대비하신 서원誓願을 만남으로써 해방을 경험한 거예요. 그것이 신란의 근본적 종교체험이었습니다. 그는 이 생생하고 체험적인 생명관生命觀을 평생 붙들고 살았어요. 언제나 자기 인생의 현실을 정면으로 대했고 자기 인생의 피 흐르는 단면을 지켜보며 살았지요.

신란은 같은 경험을 『단니쇼』 후기에 이렇게 적고 있습니다. "아미타 붓다님께서 5겁五劫에 걸친 명상 끝에 세우신 서원을 곰곰 생각해 보면 그것이 신란 이 한 사람을 위한 것임을 알겠습니다. 이토록 큰 업인을 지고 살아가는 몸을 해방시키려 세우신 고마운 서원이여!"

신란은 해방된 '유일한' 사람입니다. 그가 어떻게

남을 가르치는 선생 자리에 스스로 앉을 수 있겠습니까? 어떻게 그의 '교리'가 만들어질 수 있겠어요? 어떻게 그의 '파派'나 '다른 파를 통제하는 힘' 따위가 생겨날 수 있겠습니까? 같은 후기에서 그는 또 이렇게 말합니다. "나는 무엇이 선인지 무엇이 악인지, 전혀 모릅니다." 선악이 무엇인지 모르는 그가 어떻게 자기 파派를 단속할 수 있었겠어요? 어떻게 그 파의 토대가 될 '교리'를 만들어 세울 수 있었겠습니까?

신란은 언제나 남들 앞에서 자신의 개인적이고 주관적인 해방 경험을 고백했습니다. 그것은 그의 인생에 있어서 가장 우선적이고 중요한 일이었지요. 그에게는 교리도 파도 없었어요. 그는 '나 자신, 신란, 홀로'의 자리를 한결같이 지켰습니다.

『교행신증教行信證』을 신란의 교리서로 여기는 사람들이 간혹 있습니다만, 그가 이 책을 쓴 목적은 그것을 써서 본인 자신이 선배들의 가르침을 지키려는 데 있었던 것입니다. 『교행신증』의 원제목은 '석가모니의 제자 신란이 골라서 적은, 정토의 진리를 드러내 보여주는 가르침과 실천과 성취에 관련된 구절들'이에요. 이 제목은, 신란이 선배들의 글을 수집해 놓았다는 사실을 보여줍니다. 또한, 90퍼센트 이상이 인용문으로 되어 있는 이상한 책이 어떻게 탄생되었는지를 설명해 주고 있지요. 이 책을, 신란이 남을 가르치기 위해 만든 교리서로 보는 사람은 책의 본질을 완전히 잘못 알고 있는 것입니다.

하기는 나의 재량으로 누군가에게 염불을 시킬 수 있었다면야 그를 내 제자라고 할 수 있겠지요.

신란은, 어떤 사람으로 하여금 염불을 하게 만들 수 있는 능력이 자기한테는 없다고 말합니다. 그가 이렇게 말하는 이유는, '염불'이 아미타 붓다님과 인간 각자 사이에서 일대일로 이루어지는 절대적 대면對面이기 때문이지요. 그 누구도 둘 사이에 끼어들 수 없는 겁니다.

신란은 아미타 붓다님 앞에 홀로 서서 절대 해방
을 경험했습니다. 그리고 그것을 당신 글에서 있는 그
대로 고백했지요. 그의 고백이 다른 사람으로 하여금
'염불'을 하게 했는지 안 했는지, 그것은 신란이 상관
할 바가 아니었어요. 그래서 말했지요. "이상以上이 저
처럼 어리석은 자의 생각입니다. 이렇게 말씀드린 바
에야, '염불'을 택하여 스스로 그것을 믿으시든가 아니
면 거절하시든가, 그것은 여러분 각자가 결정하실 일
입니다."(제2장) 남들이 신란의 고백을 듣고 그의 해방
체험에서 배운 바 있어 아미타 붓다님 앞에 얼굴을 마
주하여 서느냐 서지 않느냐는, 그들 각자의 배경과 처
지에 달려 있는 거예요.

세상에 (아미타와 제자 사이를 신란이 중개하는) 아미
타-신란-제자의 관계는 있을 수 없는 겁니다. 자기가
학생임을 망각한 신란이 붓다님과 자기 제자를 서로
마주보게 하는 중간 자리에 스스로 앉았다면 그런 관

계가 성립되었겠습니다만, 자신을 가장 비천한 인간
으로, 계속해서 배우지 않으면 안 되는 학생으로 생각
했던 사람이 그런 짓을 했을 리 만무하지요.

　제자들 대신 신란은 함께 배우는 동학同學, 함께
실천하는 동무들을 곁에 두었습니다. 그에게는, 염불
을 통하여 경험되는 참믿음의 기쁨을 함께 나누는 벗
들이 있었지요.

　'염불'은 절대입니다. 염불 곧 법이에요. 그러기에
신란은, 다른 사람을 해방시키는 수단으로 '염불'을 사
용할 수 없었습니다. 만일 그것을 수단으로 사용할 수
있었다면 그것은 절대가 될 수 없고 따라서 그를 구원
하는 힘을 지닐 수도 없었겠지요. 그가 '염불'을 사용
하지 않았기 때문에, '염불'은 절대한 것이고 절대한
힘을 지닙니다. 염불이 절대한 것이기 때문에, 그는
제자를 한 명도 둘 수 없노라고 말했던 것입니다.

　그러나 아미타 붓다님에 의해 염불을 하게 된 사람을 내

제자라고 한다면, 말이 안 됩니다.

그러면, 어떻게 해서 사람들은 염불을 하게 되는 것일까요? 그가 마침내 염불을 입에 올리게 되는 것은 아미타 붓다님께서 이 세상에 있는 모든 수단을 동원하여 그로 하여금 그렇게 하도록 하시기 때문입니다. 염불은 절대 법이요 절대 힘입니다. 그래서 세상 자체가 되어 그에게 힘을 발휘하는 것이지요.

염불이 절대한 것이기 때문에, 아미타 붓다님께서 이 세상 모든 수단을 동원해 한 인간으로 하여금 염불을 하게 하시기 때문에, 중간 사이에 아무도 두지 않고 직접 아미타와 관계를 맺는 가운데 염불을 하게 되는 겁니다.

신란이 고백을 하고 누군가 그 고백을 듣는다는 사실 자체가, 마침내 그 누군가로 하여금 염불을 하게 이끈 무한한 인연의 그물코들 가운데 하나입니다. 그러나 그런 것들은 무한하고 절대한 전체 안에 흡수되어 사라지고 말지요. 본디 유한한 것들이기에 무한한 존재 앞에서 하찮게 되고 마는 겁니다.

과연 어떤 사람이, 자기가 남한테 해 준 무슨 일을 근거로 하여, "내가 그로 하여금 염불을 하게 했으니 그는 내 제자다"라고 주장할 수 있는 걸까요? 터무니없는 소리입니다. 그런 주장은 착각, 시건방짐, 뻔뻔스러움에다가 자기-성찰의 부족을 보여주고 있는 거예요.

염불은 아미타 붓다님과 한 인간 사이에 이루어지는 직접 관계입니다. 그것은 신란이 당신의 삶 속에서 홀로 경험한 거예요. 그래서 그는 앞에 인용한 바 있는 말을 했던 거지요. "아미타 붓다님께서 5겁에 걸친 명상 끝에 세우신 서원을 곰곰 생각해 보면 그것이 신란 이 한 사람을 위한 것임을 알겠습니다." 여기에는, 아미타와 신란 둘 사이에 아무도 끼어들지 못하는 직접 관계만 있습니다. 그렇다면, 신란에게 호넨은 누구입니까? 정토진종의 일곱 분 승조承祖들은 모두 누구

입니까? 신란에게는 그들 모두가 아미타 붓다님을 대
신하는 존재였지요. 그는 그들을 인간으로 보지 않았
습니다. 그는 한 분밖에 없는 붓다님 아미타에게 당신
몸을 온통 내어 맡기셨어요. 자신의 영적 안내자들을
우상으로 만들지 않았으며 그들에게 붙잡혀 얽매이지
않았습니다.

사람들이 만나는 것은 만나게 되어 있는 인연 때문입니다.
사람들이 헤어지는 것도 헤어지게 되어 있는 인연 때문이
지요. 그러므로 어떤 사람이 한 선생을 떠나 다른 선생 문
하에서 염불을 한다고 하여 그가 정토에 왕생할 수 없다고
말해서는 안 되는 것입니다.

이 세계는 온전히 인연으로 이루어진 세계입니다.
저 스스로 굴러가는 세계지요. 사람들한테는 알려지
지 않은, 자신의 법을 지니고 있습니다. 이 세계는 저
자신의 원인으로 말미암아 돌아가고 있는 거예요. 그

것을 스피노자Benedict de Spinoza(1632~1677, 네덜란
드 철학자)는 '자기-원인causa sui'이라고 불렀지요. 우
리는 그것들을 '조건 지워진 발생' 또는 '의존된 기원'
이라고 말할 수 있겠습니다. 이 세계를 형성하고 있는
시공간적 요소들이 무한한 까닭에, 우리 머리로는 인
연의 실체가 파악되지 않는 것입니다.

　사람들을 서로 만나게 하는 인연은 돌아가는 세계
의 한 국면입니다. 사람들을 헤어지게 하는 인연도 마
찬가지고요. 그러기에 만나고 헤어지는 것이 모두 알
수 없는 인연으로 말미암아 그렇게 되는 것입니다.

　그런즉, 어떤 사람이 한 선생을 떠나 다른 선생 밑
에서 염불을 한다고 하여 그가 정토에 태어날 수 없다
고 말한다면 그것은 이 세계의 법을 전적으로 무시하
는 발언입니다. 모든 것이 아미타 붓다님(절대자)의 손
안에 있어요. 아미타 붓다님은 모든 생명 있는 것들
[有情]을 해방시키는 수단으로 세계 전체를 사용하고
계십니다. 우리는 그분 마음속에 무엇이 있는지 알 수

없어요. 하물며 어떻게 우리가 "그렇게 하면 정토에 들지 못한다"고 말할 수 있겠습니까? 그래서 신란이, "그렇게 말해서는 안 된다"고 하신 거예요. 그분 말씀은, 사람들한테는 그렇게 말할 아무 근거가 없다는 겁니다.

저는 이 세계가 인연으로 이루어지는 세계라고 말씀드렸습니다. 이 말씀은, 인연 그 자체일 따름인 아미타 붓다님이 사람들을 움직이신다는 뜻이에요. 인연의 끝없는 사슬에 걸려 있는 하나의 유한한 고리에 지나지 않는 인간이 어떻게 사람들을 해방시키는 아미타의 길에 대해 이렇다 저렇다 판단하고 결론 내릴 수 있겠습니까?

그렇게 말하는 사람들은 지금, 여래께서 주신 신심을 자기들이 준 것인 양 도로 가져갈 수 있다고 말하는 것일까요? 말이 안 되는 소리올시다.

참된 신심(또는 깨달음)은 아미타여래가 우리에게
직접 주시는 거예요. 그것은 여래에 의해 우리에게 옮
겨지지요. 참된 신심(또는 깨달음)은 진리를 아는 것입
니다. 진리 자체가 우리를 부릅니다. 진리가 우리로
하여금 진리를 직관하고 인식하게 하는 거예요.

여래 곧 진리입니다. 불가佛家에서는 '진리'와 '깨
달음'이 동의어인 까닭에, 그것이 절대 타자인 여래(진
리를 깨달은 사람)로 상징화될 수 있어요. 바로 그 여래
가 우리로 하여금 진리를 깨달아 알게 하는 것입니다.

진리는 우리의 주관subjectivity을 넘어서고 우리
의 자아를 넘어섭니다. 우리의 주관을 산산조각 내는
객관적 진리—절대 타자—예요. 앞에서 말씀드린 대로
우리는 그것을, 남을 해방시키는 수단으로 사용할 수
없습니다. 우리가 만일 그것을 사용할 수 있다면 그것
은 절대한 진리가 아닌 거예요.

신란은 말합니다. "(그들은) 여래께서 주신 신심을
자기들이 준 것인 양 도로 가져갈 수 있다고 말하는

것일까요?" 여기서 신란은 사람들에게, 과연 당신들이 남에게 진리에 대한 깨달음(또는 참된 신심)을 줄 수 있으며 그것을 언제든지 자기 물건인 양 도로 가져갈 수 있느냐고 묻고 있는 거예요. 참된 신심과 참된 신심에서 오는 염불은, 우리의 주관과 좋아하고 싫어하는 변덕스런 마음에 따라서 있다가 없다가 하는 상대적인 것이 아닙니다.

　　그래서 신란은 "말이 안 되는 소리"라고 합니다. 그런 말을 하는 사람들에게, "무엇을 생각하고 있는 거냐? 무슨 오해를 하고 있는 거냐?" 하고 도전하는 거지요. 그러나 "당신들이 그래서는(스스로 할 수 있다고 생각하는 바를 해서는) 안 된다"고는 말하지 않습니다. 그렇게 말한다면, 그들이 원한다면 그렇게 할 수 있음을 인정하는 것이니까요. 여기서 그는 사람들에게, 그와 같은 일은 처음부터 불가능하다는 사실을 깨달으라고 말하는 것입니다.

어떤 사람이 자연의 이치에 조화를 이루어 산다면, 그는
한량없는 붓다님의 자비와 선생님의 자비에 깊이 감사하
게 될 것입니다.

"어떤 사람이 자연의 이치에 조화를 이루어 산다
면." 이 말의 뜻은 "어떤 사람이 무아無我로서 자연의
이치를 따른다면"입니다. 이 말에는, 지금 신란이 비
판하고 있는 사람들이 자연스럽지 못하다는 의미가
암시되어 있어요. 그들은 왜 자연스럽지 못한 것일까
요? 그것은, 학생이어야 할 사람이 선생으로 처신하
기 때문입니다. 아미타 붓다님에 의해 해방된 것을 기
뻐하며 무릎 꿇고 있어야 할 사람이 높은 자리에 앉아
남을 가르치려 하기 때문이지요.
　그러므로, "자연의 이치에 조화를 이루어 산다"는
것은 무릎 꿇은 사람이 된다는 뜻입니다. 그것은 아미
타 붓다님이 베푸시는 해방의 절대성absoluteness을
공경하는 것 또는 그 절대 진리에 무아無我로서 따르

는 것을 의미하지요. 또한, "나 신란에게는 제자가 한 명도 없다"는 한마디 말 속에 표현된 근본적 종교체험에 한결같이 머물러 있음을 뜻합니다.

그래서 사람이 지금 여기에서 해방의 기쁨을 계속 경험하게 되는 거예요. 우리의 해방, 곧 아미타의 대자대비와 우리의 만남은 영원히 새롭습니다. 그것은 지금 이 순간에 이루어지고 있으며 그래서 언제나 살아 있고 언제나 새롭습니다. 새로 시작하는 사람의 천진스러운 마음만이 그것을 경험할 수 있어요. 그래서 노오극劇의 사부師父 제아미世阿彌(1364~1443)는 말했지요. "처음 시작하던 마음을 잊지 말라." 그것이 바로 근본적인 종교 체험인 것입니다.

'자연의 이치'는 삶의 이치입니다. 삶의 참본성이에요. 삶 자체입니다. 실재하는 모든 것의 참본성이요 참이치예요. 무엇보다도, 진리 자체입니다.

그러기에, "자연의 이치에 조화를 이룸"은 진리를 깨달아 앎입니다. 다른 말로 하면, 절대타자에 대한 인식이 우리를 여기 이렇게 존재토록 한다는 말이에요. 이 앎이 곧 우리의 해방입니다. 여기서 우리는, 우리에게 아무것도 요구하지 않으면서, 일방으로 우리를 구원해 주는 힘에 공경하는 마음을 품게 되지요. 그래서 "붓다님의 자비에 깊이 감사하게" 되는 것입니다. 아울러 우리를 붓다님의 해방으로 이끌어 준 선생님의 인간적인 힘personal power도 공경하게 되지요. 그래서 신란은, "한량없는 선생님의 자비에 깊이 감사하게 될 것"이라고 말하고 있는 것입니다.

"한량없는 자비에 대해 감사하는 마음으로" 사는 것이 곧 자연스런 삶의 길입니다. 자아를 초월한 절대 타력에 온전히 자신을 내어맡긴 사람의 생활-양식(살아가는 방법)이지요. 우리의 삶에 관하여 알아야 할 진리란, 우리가 자아를 초월한 절대 타력에 의해 살아가게끔 만들어졌다는 것입니다. 해방을 몸소 경험할 때, 인간은 이 진리를 절로 깨달아 알게 되지요.

요컨대, "한량없는 붓다님의 자비와 선생님의 자

비에 깊이 감사하는" 마음은 곧 무릎을 꿇는 마음입니다. 이 무릎 꿇는 마음을 자성自性, naturalness이라고 하지요. 어떤 사람이 스스로 선생 되어 누구를 가르치려고 할 때, 거기에는 진리가 없습니다. 오히려 그가 학생으로 되어 선생 자리를 버릴 때에 비로소 자연스러운 선생-학생 관계가 이루어지지요.

    이 관계는 교리나 가르치려는 마음 따위에 바탕을 두고 이루어지는 것이 아닙니다. 어느 파派를 통제하려는 욕망에 바탕을 둔 것은 더욱이 아니지요. 그것은 다만 참되게 살고자 하는 인간의 소망에 바탕을 둔 것입니다.

예배
禮拜

최근에 한 종교철학자의 책을 읽었습니다. 읽고 나니 입맛이 고약하더군요. 그 책은 저 자신을 살펴보게도 했지요. 그래서 이렇게 그 책에 대한 저의 소감을 적어 보기로 했습니다.

얼마 전에 저는 하야시다 시게오 씨의 책 『단니쇼歎異抄가 신란親鸞을 더럽히다』를 읽었습니다. 그 책을 읽은 뒷맛도 영 고약했지요. 저는 하야시다 씨가 자기야말로 신란을 더럽히지 않은 유일하게 결점이 없는 사람이라고 생각한다는 느낌을 받았습니다.

제 뒷맛이 썼던 또 다른 이유는 하야시다 씨의 책 『인간 신란』에 대한 아케가라수 하야 스님의 말씀이 생각났기 때문이었어요. 그 책이 나왔을 때 아케가라수 스님은 이렇게 말씀하셨습니다. "나는 인간 신란에 대해서는 할 말이 없다. '신란 성인한테 배우기' 또는

'신란 성인 공경하기' 아니면 '신란 성인을 찬양함' 뭐 이런 제목으로 된 책이 아니라면 읽을 가치가 없다고 생각한다. 그래서 나는 읽지 않겠다."

제가 최근에 읽은 종교철학서 또한 신란에 대한 비판을 담고 있었어요. 신란을 비판할 수 있을 만한 저자라면, 제 생각에, 아주 굉장한 사람이 틀림없겠습니다만, 그러나 저로서는 무엇이 그의 비판 근거였는지 모르겠더군요. 너는 과연 신란을 비판할 수 있겠느냐고 저 자신에게 물어봤어요. 제가 그를 비판한다는 것은 어림도 없는 일이라는 사실을 알게 됐습니다. 니시다 기타로 박사님에 관해서도 같은 말을 할 수 있어요. 니시다 박사님은 당신 논문에서, 신란에 대해 큰 존경심을 품고 언급하시지요. 그분은 신란 앞에 무릎을 꿇고 계십니다. 이와 같은 깊은 존경심을 품고서 당신의 '논문집 제7권'을 쓰셨던 것입니다.

저는, 제가 읽은 그 종교철학서가 신란을 비판하고 있더라는 말씀을 드렸습니다. 사람이 사람을 비판하는 것이 나쁘다고는 생각하지 않습니다. 비판하는 사람이 비판당하는 사람을 완전히 이해한다면 그 비판은 옳겠지요. 마찬가지로, 만일 어떤 사람이 종교의 본질을 완전히 이해한다면 그 사람은 그 종교를 비판할 수 있을 것입니다.

그렇다면, 무엇이 종교의 본질입니까? 이 질문에 답하고자, 비수반두 보살(A.D. 3, 400년경)이 말씀하신 「깨어 있음으로 들어가는 다섯 문門」을 인용해 보겠습니다. 그분이 가르치신 다섯 문은 1)예배, 2)찬양, 3)서원誓願, 4)명상, 5)회향回向입니다. 이 다섯 문 가운데 첫 번째 문이 예배라는 점을 주목하십시오. 만일 어떤 사람이 예배할 줄도 모르면서 종교에 대해 무슨 말을 한다면 그는 지금 '종교'에 대해 말하고 있는 게 아닌 거예요.

종교철학을 다룬 책의 저자는 기독교든 불교든 그 앞에 머리를 조아리고 있지 않습니다. 그에게서는 예배하는 모습을 전혀 찾아볼 수 없어요. 예배하지 않으면서 종교에 대해 말하는 것은 집 안에 들어가 보지 않고 집의 내부구조를 말하는 것과 같습니다. 그렇게 해서는 절대로 종교에 접接할 수 없어요. 종교에 접하기는 매우 간단한 일입니다. 그 앞에 고개를 숙이는 거예요. 어떤 사람이 그 문에 들어가지 않고서 다만 종교에 관하여 토론을 한다면 그 사람은 실제로 종교에 접하지 않고서 종교를 논하고 있는 것입니다.

불가佛家에는 코끼리를 만져 본 맹인들 이야기가 있어요. 한 맹인이 코끼리 배를 만져 보고 말합니다. "코끼리는 벽처럼 생겼다." 꼬리를 만져 본 다른 맹인이 말하지요. "코끼리는 굵은 밧줄처럼 생겼다." 다리를 만져 본 맹인, 코를 만져 본 맹인, 어금니를 만져 본 맹인이 저마다 다르게 말합니다. 비록 느낌이 저마다 다르고 결론이 우스꽝스럽기는 합니다만 그래도 그들은 코끼리를 만져는 보았지요. 그런데 제가 읽은 책의 저자께서는 종교라는 코끼리를 만져 보지도 않고 대담무쌍하게 시방 그것을 논하고 있는 것입니다.

그러니 그의 모습이 맹인들보다 더 우습게 됐지요. 저로서는 또 다른 우화 한 토막을 생각해 보지 않을 수 없군요.

눈먼 사람이 하나 있었다. 하루는 코끼리를 기둥에 묶어 놓은 장소에 이르러, 코끼리가 어떻게 생겼는지 알아보려고 기둥을 만져 보았다. 그리고 말했다. "코끼리는 나무 기둥처럼 생겼다." 그러고 나서 코끼리에 관하여 장황한 강의를 펼치기 시작했다.

"자기를 배운다"

"붓다의 길을 배우는 것은 자기를 배우는 것이다."

-도겐道元

'붓다의 길'은 끊임없이 이상을 추구하는 행위를 가리킵니다. 우리는 그것을 '구도求道'라고 부를 수 있겠지요. 붓다의 길the Buddha's path은 고정된 길이 아니에요. 끊임없이 이어지는 행위이기에 역동적입니다.

그래서 시인이자 동화작가인 미야자와 겐지宮澤賢治(1896~1933)는 이렇게 말했지요. "길을 찾는 것이 곧 길이다."

길이라고 하면 그 길을 먼저 밟은 이들이 있게 마련이지요. '길'이라는 말은, 그냥 거기 길이 있다는 사실을 막연히 가리키는 게 아니라 사람들이 그리로 간

길이 있음을 가리킵니다. 사람들을 떠나서는 길이 없어요. 좀 더 자세히 말하자면, 앞서서 길을 간 사람들이 곧 길인 겁니다. 그들을 떠나서 '붓다의 길'이란 없는 거예요. 그래서 도겐 선사께서는 '불조佛祖의 생활양식'이라는 말을 자주 쓰셨지요.

아이가 어떻게 자라는지 살펴보십시오. 부모와 형을 모방하지 않고서는 자라지 못합니다. 인류의 역사에도 같은 말을 할 수 있어요. 먼저 살고 간 선배들이 없으면 인류의 사회생활은 불가능합니다. 배움이란 선배들이 자기네 이상을 추구한 방식과 생활양식을 모방하는 것이에요.

예를 들어 미술학도들을 보십시오. 그들은 그림을 모작模作하는 데 많은 시간을 보냅니다. 바쇼芭蕉(1644~1694, 하이쿠 시인)는 이렇게 말했지요. "먼저 틀 속에 들어갔다가 거기서 나오라." 틀 속에 들어가는 것이 바로 모방입니다. 료칸禪僧(1758~1831, 서예가)은 중국의 여러 서체書體를 충분히 베껴 써 본 뒤에 자신의 독특한 글씨를 발전시켰고 괴테는 『파우스트』를 쓰기 전에 단테와 셰익스피어한테서 많은 것을 배웠습니다. 선배들한테 배우는 것 없이 새것을 창조할 수 있다고 떠들어대는 사람은 어리석은 사람이에요. 모방이야말로 창조의 불가피한 바탕입니다.

도겐은, 선배들 앞에 무릎 꿇는 마음으로, 자신을 무無로 돌리는 마음으로, "배움"이라는 말을 입에 올렸습니다. 그는 기쁨과 감사의 눈물을 흘리면서 외쳤지요.

"마침내, 천동산에서 여정선사를 만났을 때, 내 생애 가장 중요한 일이, 나의 구도행이, 끝나 버렸다!"

같은 내용을 신란은 이렇게 말합니다.

"내 비록 호넨 성인한테 속아서 염불을 했다가 지옥에 떨어진다 해도, 나는 후회하지 않을 것입니다."

"붓다의 길을 배운다"는 도겐의 말은 스승을 향한 깊은 감동에서 나온 것입니다.

아케가라수 스님이 어렸을 때 부모님은 어린 아들을 기타카타 신센에게 보내어 글씨를 공부하게 했어요. 기타카타 신센은 집안 친척인데 당시 가나자와에서 가장 위대한 서예가들 가운데 한 사람이었지요. 그가 어린 아케가라수에게 말했습니다. "너에게 글씨 본本을 써 주는 것은 어려운 일이 아니다. 그러나 그렇게 하지 않겠다. 너는 네 글씨를 배워야 한다." 그래서 아케가라수 스님은 이른바 글씨 공부를 정규定規로 하지 않으셨어요. 그때 들려주신 스승의 말씀 한마디 속에 배움의 비밀을 풀어 주는 열쇠가 들어 있었던 것입니다.

선배들의 생활양식을 배우는 마당에서 우리는 이렇게 물어야 합니다. "그들은 어떻게 붓다의 길을 닦았는가? 어디서 어떻게 이상을 추구했는가?" 그들은 오직 자기 자신 안에서 이상을 추구했습니다. 그들은 자아 속으로 더 깊이 들어갔지요. 한마디로, 그들은 참자아〔眞我〕를 추구했습니다. 우리의 모든 선배들이 그들의 생활로 이 사실을 보여주고 있어요.

선배들의 생활양식을 배우는 일은 우리 자신 안에서 참자아를 찾아 내는 일을 의미합니다. 선배들을 공부하는 일이 갑자기 자기를 공부하는 일로 바뀌는 거예요. 여기서부터는 자기 자신이 자기를 위한 참된 모델이 됩니다. 한 선배로부터 배우려고 할 때, 그를 붙잡는 우리의 손이 바로 그 선배에 의해 잘립니다. 선배 자신에 의해 선배로부터 절연絕緣되는 것이지요. 그가 우리에게 큰 소리로 말합니다. "홀로 서라!"

전형적인 사무라이〔武士〕설화에 이런 이야기가 있어요. 젊은이 하나가 검술을 배우고자 스승의 집 문을 두드립니다. 그런데 스승은 그에게 칼 쓰는 법을 가르쳐 주지 않아요. 목검木劍을 잡게 하는 대신 장작 패기, 물 긷기, 청소하기 따위의 허드렛일만 시킵니다. 그렇게 3년 세월이 흐르지요. 이런 이야기는 젊은이가 스승에게 어떻게 내밀쳐졌는지를 말해주고 있습니다.

참선생은 학생의 손을 잡아 끌어주지 않아요. 오히려 그를 밀쳐냅니다. 그리고 학생에게 소리를 지르는 거예요. "홀로 서라!" 그가 배워야 하는 것은 자기입니다. 학생이 저 자신 앞에 무릎을 꿇을 때 자기-배움은 끝이 나지요.

간단히 말해서, 참된 선배는 자기 자신입니다. 참된 안내자는 나 자신이에요. 그러기에 붓다의 길을 배우는 것은 결국 홀로 서기와 자유의 길을 배우는 것입니다. 그것은 자기 자신을 배우는 것이에요. 다른 아무것도 아닙니다. 붓다의 길에서 우리가 얻는 마지막 메시지는 "너 자신을 경배하라"입니다. 붓다의 길은 우리를 홀로 서기와 자기-존중으로 이끄는 길이에요. 자신을 경멸하는 사람은 이 길을 이해 못합니다.

사람들은 흔히 자기-경멸을 겸손으로 혼동하지요. 자기를 존중하지 않는 것은 자신을 과소평가함으로써 자신에 대해 성급한 결론을 내리는 일종의 오만입니다. 겸손의 정반대예요. 진정으로 자신을 존경하는 사람은 자기 앞에 무릎을 꿇습니다. 이것이야말로 지극한 겸손과 무아無我의 행위올시다.

"자기를 배운다(studying the self)"는 말로 선사들은 자기를 스승으로 모시고 그 앞에 무릎 꿇는 가장 겸손한 길을 설명합니다.

여기서, '붓다' 곧 '참자아'라는 진실이 분명해지지요. 우리는 어디서 붓다를 찾아야 하는 걸까요? 많은 사람이, 붓다가 자기를 초월하여 외부에 있는 줄 알고 자기 밖에서 그를 찾습니다. 그러나 그런 붓다는 허깨비예요. 그들은 지금 유령을 좇고 있는 겁니다. 가짜 종교들에서 '절대자'로 불리는 존재가 정확하게 그런 유령이지요. 그것은 상상의 산물입니다. 진짜로 있는 존재가 아니에요.

'붓다'는 우리가 보통 '나'라고 말하는 자아가 아닙니다. 그것은 보통 자아를 초월해 있는 참자아예요. 그는 보통 자아가 우리 안에서 초월될 때 발견됩니다.

니시다 박사님의 말을 빌면, 그것은 "내적 초월internal transcendence"의 자아예요. 이 자아만이 참으로 존재합니다. 그것은 상상의 산물이 아니에요.

이 참자아 또는 내적 초월의 자아와 보통 자아 사이의 관계를 이해하기 쉽게 하려고 진종불교眞宗佛敎는 '부모' 또는 '어머니'라는 단어를 씁니다. 도겐은, "자비로우신 아버지, 위대한 스승 붓다"라는 표현을 쓰지요. 이런 표현은 '붓다'가 우리 밖에 있는 어떤 존재가 아님을 보여주려고 사용되는 것입니다.

"자기를 배운다"는 말은 자기 앞에 무릎 꿇는 자기의 모습을 아름답게 그려 보이고 있습니다. 참으로 배우는 자는 자기를 가르치는 존재 앞에 무릎을 꿇어야 해요. 여기서 [배우는] 자아가 [가르치는] 참자아에 의해 무無로 되는 거예요. 더 이상 자기의 미세한 찌꺼기도 발견되지 않습니다. "자기를 배운다"는 말 속에 이 배움의 과정이 잘 드러나 있어요. 참자아 앞에서 보통 자아가 완전히 없어진 뒤에 사람은 본연의 자아로, 참자아로, 서게 되는 것입니다. 풀어서 말하면 가장 겸손한 사람만이 홀로 서는 사람이 될 수 있음을 보여주고 있는 거예요.

어떤 사람이 남에게는 고개를 숙일 수 있지만 자기한테는 그럴 수 없다고 말한다면, 그는 거짓말을 하고 있는 겁니다. 자기한테 고개 숙일 수 없으면서 어찌 남에게는 그럴 수 있단 말입니까? 자기한테 고개 숙이는 것과 존재하는 모든 것에 고개 숙이는 것은 하나로서 같은 행위입니다. 그래서 나는 지금, 자기를 배우는 것이 가장 겸손한 일이라고 말씀드리는 거예요.

자기를 배우는 가운데, 홀로 서는 길 또는 자유의 길이 열립니다.

'나'가 없는 사람만이 이 세상의 모든 생명을 자기 생명으로 여길 수 있어요. 그 사람만이 아무도 그를 대적 못하는 세상에서 살 수 있습니다.

"자기를 배운다"는 말은, 불가사의한 방법으로 참자아를 실현하는 옹근 홀로 서기와 자유의 '삶'을 묘사

할 뿐 아니라, '나'가 조금도 남아 있지 않는 위대한 겸
손을 보여주고 있습니다.

그러므로 우리는, 자기를 배우는 것만이 붓다의
길을 배운다는 게 무엇인지 완벽하게 그리고 곧바로
설명해 준다고 말하지 않을 수 없습니다.

붓다의 길을 배우는 것은 스스로-깨어남self awak
ening의 길을 배우는 것입니다. 불교가 다른 가짜 종
교들로부터 분별될 수 있음은 그것이 스스로-깨어남
의 길이기 때문이에요. 가짜 종교들은 스스로-깨어남
과 자기 안을 성찰하는 일에 초점을 모으지 않습니다.

자
유
를
　
배
운
다
！

자유는 인생의 마지막 목표입니다. 사람에게 그보다 더한 목표가 있을 수 없어요. 사람의 존엄성은 자유에 있습니다. 우리는 구원을 추구하는 사람들에 대해 말하지요. 그런데, 자유보다 큰 구원이 있을까요?

그러나 그 자유가 '자아'를 긍정하는 것에 바탕을 둔 자유일 수는 없습니다. 사람이 자아를 긍정하면, 그 자아에 늘 얽매이기 때문에 자유로울 수 없는 거예요. 자유는 무無의 자유, 무아無我의 자유여야 합니다. 다른 말로 하면, 자유는 다만 무릎을 꿇는 자에게만 있는 거예요. 사람이 자기-부정을 경험할 때에 비로소 〔자유의 바탕인〕 스스로-깨어남을 얻기 때문입니다.

그러면, 무엇이 자기-부정일까요? 흔히 쓰는 말로 하면, 겸허해지는 것입니다. 자기를 주장하지 않고 남의 말을 듣는 거예요.

레닌은 말했습니다. "한 걸음 나아가고 두 걸음 물러서라!" 한 걸음 나아간다는 말은 질문하는 것 또는 다른 사람 마음 문을 두드리는 것을 의미하지요. 다른 사람이 말할 때 우리는 뒤로 물러나 조용히 귀 기울여 들어야 합니다. 이렇게 귀담아 듣는 것이 두 걸음 물러서는 거예요. 나아가 우리는 귀로 들은 것에 대해 생각해야 합니다. 거듭 거듭 자신에게 같은 것을 물어야 해요.

물러서는 두 걸음 가운데 한 걸음은 남의 말을 잘 듣는 것이요 다른 한 걸음은 들은 바에 대해 생각하는 것입니다. 이렇게 듣고 생각해야 하기 때문에 두 걸음 물러선다고 말하는 거지요.

우리는 한 걸음 앞으로 나아가기 위하여 두 걸음 뒤로 물러서야 합니다. 두 걸음 물러서는 것은 잘 배우는 것을 뜻합니다. 잘 배움으로써 우리는 창조적으로 한 걸음 나아갈 수 있어요. 잘 배우지 않고서는, 두 걸음 뒤로 물러서지 않고서는, 한 걸음 앞으로 나아갈 수 없는 거예요. 앞으로 나아가는 것만 생각하면 넘어지고 쓰러질 겁니다. 창조적으로 탄탄하게 앞으로 나아갈 수 없게 되지요.

두 걸음 뒤로 물러서는 것은 선배들의 말씀을 배우는 것입니다. 도겐 선사는 이렇게 말했지요. "사람은 자기 뒤를 조명照明하는 회귀回歸를 배워야 한다." 자기-깨어남을 경험하는 사람은 배우는 자세를 잃지 않습니다. 귀 기울여 듣고 그 들은 바에 대해 자세히 생각하는 것이야말로 사람으로 하여금 아무 노력 없이 한 걸음 나아갈 수 있게 하는 유일한 행위예요. 새로운 것을 생각해 내는 일보다 잘 배우는 일에 더 무게를 두어야 합니다. 창조는 배움[學]에서 절로 나오는 것입니다.

참된 생각은 들음hearing에 그 바탕을 둡니다. 예를 들어, 플라톤은 소크라테스의 말을 들었고 아리스

토텔레스는 플라톤의 말을 들었지요. 듣는 일 없이 생각을 한다면 그 생각은 추상적인 사념에 지나지 못하여 돌고 또 돌지만 아무 데도 이르지 못합니다. 인간의 참정신은 시공간적인 역사의 장場에서만 존재합니다. 석가모니가 고대 인도의 사상, 특히 베다와 우파니샤드에 귀 기울이지 않았더라면 그의 독특한 종교 사상을 낳을 수 없었을 거예요. 유대인 선조들이 구약성경을 통해 물려준 사상에 귀 기울이지 않았다면 예수님인들 어찌 당신의 독특한 가르침을 만들어 낼 수 있었겠습니까? 간추려 말하면, 인간의 자기-깨어남은 그 자체가 역사적 사건a historical matter인 것입니다.

따라서 선배들의 말에 귀를 기울일 때 그는 지금 역사의 장에서 생각하고 있는 거예요. 말〔言語〕 없이는 생각할 수 없습니다. 한 종족의 유산이면서 전통문화를 실어 나르는 '말'은 우리가 남한테서 얻는 것이지요. 남한테서 말을 얻고서야 비로소 생각할 수 있다는 사실은 우리의 생각이 항상 역사적인 것임을 보여줌니다. 우리는 말에 의존하여 생각을 하게 됩니다. 우리 속에서 단어들이 작용을 하는데 그것을 '생각'이라고 부르는 거예요. 우리는 생각하게끔 만들어진 그만큼밖에는 생각하지 못합니다. 이것이 정신세계의 엄정한 틀이에요. 말에 의해 생각하도록 만들어지는 것을 우리는 배움이라고 부르지요.

석가모니는 인도 문화에 의해, 베다와 우파니샤드에 의해, 생각을 할 수 있었습니다. 예수는 구약성경의 유대 사상에 의해 생각할 수 있었지요. 그리스도교 신학자들 설명을 들어 보면 예수님은 설교하시면서 자주 구약성경의 용어를 쓰셨더군요. 전통문화에 귀기울이고 그리하여 역사의 장에서 생각할 수 있게 되는 것을 우리는 '배움'이라고 부릅니다.

우리는 석가모니나 예수 같은 분들에 대해 마땅히 생각해 보아야 합니다. 그런 스승들을 깊이 숭배하고 사랑하게 되지 않고서는 자기-깨어남을 경험 못합니다. 그러지 않고서는 인간의 정신세계가 이루어질 수 없거든요.

그러면, 우리는 무엇을 생각하고 숭배해야 하는 걸까요? 오직 하나가 있을 뿐입니다. 선배들이 누렸던 자유, 바로 그거예요. 인간의 정신세계란 곧 자유의 세계를 의미하기 때문입니다. 우리는 선배들이 어떻게 자유로 나아갔는지, 그 길에 대해 진지하게 듣고 생각해야 합니다. 물론, 참된 자유는 생각의 영역 너머에 있지요. 그러나 참된 자유로 우리를 이끌어가는 것은 생각이라는 오솔길입니다. 우리는 그 길을 철두철미 따라가야 해요. 그리고 잘 들어야 합니다. 듣는 것은 곧 생각하는 것이지요. 생각은 자유로 가는 길입니다. 그러나 생각에 붙잡혀 있으면 자유를 누리지 못하지요. 우리가 자유를 얻을 때에는 생각이 버려져 있어야 해요. 생각을 모두 고갈시키고 그것을 넘어설 때비로소 자유를 누리는 것입니다.

자유에 이르고자 하는 사람이 생각하는 것을 겁내면 안 됩니다. 예컨대 석가모니는 보리수나무 아래 앉

아 있을 때 마음에 여러 가지 생각이 일었고 그것을
피하지 않았어요. 그는 나무 아래 앉아 명상에 들기
전 숲에서 6년 동안 고행을 계속했는데 그때 생각을
깊게 했지요. 그리고 마침내 붓다가야의 보리수 아래
에서 6년간 온몸으로 계속해 온 생각을 끝냈던 것입니
다. 그는 생각에서 해방되었어요. 비록 생각에서 해방
되었다 하지만 그래도 그를 자유로 이끌어 준 것은 다
름 아닌 생각 바로 그것이었지요.

　　듣고 생각하는 일 없이 갑작스레 자유를 직관할
수는 없는 일입니다. 인간의 정신세계는 역사의 장에
서만 존재합니다. 우리는 다만 역사의 장에서 순수한
자기-깨어남을 경험할 수 있는 것입니다. 그러기에 듣
고 생각하는 일에 있는 힘을 모두 쏟아야 해요. 생각
이 바닥났을 때에만 직관의 문이 열린다는 사실을 알
아야 합니다.

　　신란은 『교행신증』에서 당신의 생각을 모두 고갈
시켰지요. 하지만 그 책이 그의 생각에서 나온 것임을

누가 부인할 수 있겠습니까? 도겐 선사도 『정법안장』에서 같은 일을 하셨어요. 생각하는 것을 겁내어 회피하는 사람은 자유에 이를 수 없습니다. 듣기를 거절했기 때문이지요. 생각이라는 오솔길을 착실히 걷지 않고서는 아무도 자유를 누릴 수 없는 것입니다.

'인간의 정신' 또는 '인간의 정신세계'라는 말을 할 때 저는 자유라는 관념을 그 중심에 둡니다. 저로서는 자유의 중요성 또는 자유의 실현을 강조하지 않을 수 없군요. 우리가 전통을 철저히 공부해야 한다고 말했습니다만, 그 말은 오직 한 가지, 자유에 우리의 관심을 집중해야 한다는 뜻이었습니다. 우리는 어떤 사람에 대해 말할 때 그가 과연 자유를 누리고 있는지 그것을 먼저 물어보아야 합니다. 만일 그가 자유를 누리고 있다면 그한테서 배워야 해요. 자유로 가는 길에 대해 배워야 한다는 말입니다. 분명한 초점이 없는 배움이라면 말할 건더기도 없겠지요.

예를 들어, 우리는 석가모니께서 과연 자유를 누

230

리셨는지 물어보아야 합니다. 그 문제에 대해 깊게 생각해야 해요. 만일 그에게서 자유가 발견된다면 우리는 역사의 장에서 생각을 끝까지 몰아가 그에 관한 모든 것을 배우지 않으면 안 됩니다.

우리의 직관이 과연 그에게 자유가 있는지 없는지를 일러줄 것입니다. 신란은 왜 도겐에게 갔던가요? 도겐 선사는 여정 선사를 어떻게 만났지요? 그분들에게는 누구나 한눈에 알아볼 수 있는 '자유'가 있었습니다.

신란은 히에이 산에 있을 때 언제 산을 내려갈 것인지, 내려가면 누구 밑에서 공부할 것인지, 많은 고민을 했다고 합니다. 그러다가 록카쿠도 관館에서 백일 명상을 마치고 마침내 누구한테 가서 공부할 것인지를 결정할 수 있었다지요.

도겐 선사는 송나라 넓은 땅을 돌아다녔습니다. 누구를 스승으로 모시고 배울 것인지 두루 찾아 헤맸지만 중국에는 그가 찾는 스승에 없다는 결론을 내리게 되었지요. 그래서 일본으로 돌아가려고 배를 기다리다가 우연히 한 수도승을 만났는데 그가 천동산 여정 선사를 만나보라고 권했던 것입니다.

그리하여 두 사람의 눈이 마침내 가장 뛰어난 두 분 스승을 알아보게 됐던 거예요. 사람이란 가장 깊은 중심에서 자유를 찾게끔 되어 있는 존재인지라, 자유를 찾아서 헤매지 않을 수 없는 것입니다. 그래서 선배들 가운데 과연 자유를 누린 사람이 있는지 물어보게 되는 거예요. "찾아라, 얻을 것이다. 두드려라, 열릴 것이다."

사람은 어떤 사람에게 자유가 있는지 없는지를 한눈에 알아볼 수 있습니다. 그것을 직관으로 알아볼 때, 인간 정신의 장에서 역사적인 사유를 끝까지 몰아가는 것입니다. 배움에는 분명한 대상이 있는 법이에요. "배움을 끝장낸다exhaust learning"는 표현은 아무 흔적도 발견되지 않는 끝없는 벌판에서 홀로 버림받는 듯한 느낌을 줍니다. 하지만 그런 식으로 배우자는 건 아니지요. 누구든지 진실하게 자유를 그리워하면 마침내 스승을 만나게 될 것입니다.

역사의 장에서 배운다는 것 또는 생각을 끝장낸다는 것은, 그 문하門下에 들어가서 공부할 선생을 찾아 돌아다니는 것과는 다릅니다. 그것은 한 사람이 마침내 한 선생을 만나는 것, 다시 말해서 그의 운명에 따라 결정된 하나의 사건을 의미합니다.

사람의 정신 영역에서 무엇보다도 중요한 문제는 그가 선생을 만나느냐 만나지 못하느냐, 바로 그것이에요. 그가 과연 참사람을 만나느냐, 참인격을 만나느냐, 그것이 요점입니다. 인간의 정신 영역에서 계系는 매우 중요합니다. 그런 만남은 구체적인 현실 세계에서 이루어지지요. 추상적 관념의 세계에서 이루어지는 것이 아니에요.

우리는 다르마가 인간의 정신세계를 현장세계 안에 실존케 한다는 사실을 알아야 합니다. 인간의 정신세계는 우리가 참사람을 만날 때, 이 세상에서 우리와 함께 숨 쉬는 진짜 사람을 만날 때, 구체적 현실이 됩

니다. 그리고 우리가 과연 그런 참사람을 만나서 자기-
깨어남을 경험하느냐 하지 못하느냐, 그것이 결정적
문제예요. 그것이야말로 더없이 절실한 문제올시다.

　다르마가 인간의 정신세계를 실존케 합니다. 그것
은 머리로 추상하는 세계가 아니에요. 이 세계의 구체
적 현실에서 이루어지는, 피 흐르는 인연因緣의 세계
지요. 바로 이 현장에서 우리는 참인격, 참자유인을
만나는 것입니다.

　참사람을 만난 뒤에야 비로소 우리는 역사의 장에
서 생각을 끝낼 수 있습니다. 신란은 호넨을 만나자
그렇게 하지 않을 수 없었지요. 도겐도 여정을 만났을
때 마찬가지였어요. 두 사람은 몸과 마음을 다 쏟아
목숨 내놓고 공부 또 공부를 계속했습니다. 역사의 장
에서 생각을 끝까지 몰고 갔어요. 그리고 마침내 사람
이 누릴 수 있는 가장 높은 자유의 경지에 올랐던 것
입니다.

　이들 자유로운 스승들은 자비의 화신이었지요. 그

들은 우리네 삶의 영원히 소중한 가치인 자비로운 삶의 모습을 친절하게 보여주었습니다. 우리는 그들에게서, 역사 현장을 진실하게 살아간 위대한 개인들에게서, 인간의 정신이란 어떤 것인지를 생생하게 볼 수 있습니다.

우리가 반드시 해야 하는 유일한 일은 배우는 것입니다. 끝없이, 영원히 배우는 거예요. 배움 안에서 우리는 말 못할 즐거움을 경험합니다. 우리가 끝없이, 영원히 배워야 하는 이유가 여기 있어요. 그리고 바로 이 '끝없음limitlessness'이 곧 다르마입니다. 그것은 '법장보살法藏菩薩의 끝없는 배움'이지요. 세자재왕世自在王 붓다께서는 법장에게, 국자로 바닷물을 모두 퍼내리라 굳게 결심한 사람처럼 끝없이 배우고 또 배우면 마침내 깨달음을 얻게 되리라고 가르치십니다. 이 가르침을 받고 법장은 끝없는 배움의 길에 들어서지요.

얼마나 즐거운 일입니까! 우리의 배움에 끝이 있

다면 얼마나 비참한 일이겠어요? 배움의 끝은 곧 죽음입니다. 다르마는 끝이 없습니다. 법장은 끝없는 배움 덕분에, 그러니까 영원히 배우리라는 결심을 세우자마자, '무량수無量壽'라는 이름의 붓다가 되지요. 자기는 끝없이 모르기 때문에 끝없이 배우겠다고 결심할 때, 무량수라는 이름을 가진 붓다가 태어난 것입니다.

   살아 있는 인간의 생각 또는 역사의 장에서 이어지는 생각에는 끝이 있을 수 없어요. 실제로 살아 있는 생각은 끊임없이 이어지는 배움의 모양을 갖추어야 합니다. 죽지 않는 삶이란 끝없이 찾는 삶이지요. "잡았다"고 말하는 순간 그는 죽습니다. 우리는 자신에게 이렇게 말해야 합니다. "오늘은 이것을 배웠다. 자, 내일은 무엇을 배우게 될까?" 그러고는 내일 배울 것을 즐겁게 기대하면서 잠자리에 드는 거예요. 그러지 않고서는 우리의 삶 속에서 영원한 생명이 실현될 수 없습니다. 지금 여기에서 알 수 없는 미래를 직면하며 최선을 다해 배우고 또 배우는 삶, 우리에게 이

보다 더 위대한 인생이 무엇이겠습니까?

　사실 우리는 아는 것이 없습니다. 지금 여기 이렇게 있지만 끝없이 이어질 미래에 대해 아무것도 몰라요. 우리는 한없이 무지합니다. 우리가 배우고자 하는 이유는 모르기 때문이에요. 우리는 영원한 삶의 새롭고 무한하고 창조적인 전개development를 보면서 불가사의한―우리의 무지 때문에 알 수 없는―현재의 삶을 살고 있습니다. 어느 누구도, 그가 사람인 이상, 이런 식으로밖에는 실존할 수 없는 거예요.

　"한없는 빛[無量光]이신 여래께 절합니다." 이 말은 알지 못할 미래가 지금 여기에서 순간순간 끝없이 전개되고 있음을 의미합니다. 그것은 또한 이 끝도 없고 알 수도 없는 전개 앞에 무릎을 꿇음으로써 내가 살고 있음을, 좀 더 정확하게 말해, 살려지고 있음을 의미하지요. 지금 여기에서 나의 삶은 영원한 다르마, 영원한 생명과 하나로 됩니다. 그것에 흡수 통일되는 거예요. 자신의 무지를 알기 때문에 다르마의 한없는 전개에 자기의 모든 것을 내어맡기지요. 이것이 저의 삶입니다. 다르마에 흡수 통일된 저의 삶이란 말씀이에요.

'배움'과 '모름'은 동의어입니다. 제가 아무것도 모르기 때문에 모든 것이 새롭고 신선하지요. 인생은 순간순간 새로운 것입니다. 새롭고 창조적인 삶은 아무것도 모르는 사람에게만 주어지지요. 저에게는, 영생을 직면하는 것이 곧 아무것도 모르는 자로서 한없는 새로움을 접하는 것입니다. 영생을 직관하는 길은 이 길밖에 없어요. 그것을 꿰뚫어 보기 위해 반드시 갖추어야 하는 조건은, 지금 여기에서 저 자신이 아무것도 모르는 자여야 한다는 것입니다.

그러기에, 저의 인생에서는 배우고 찾는 것이 유일하게 중요한 일입니다. 저는 끊임없이 놀랍고 모든 것이 신기합니다. 언제나 새롭고 신선한 삶이 있을 뿐이에요. 한 번도 보지 못했던 새롭고 희한한 삶의 국면을 끊임없이 만나는 거지요.

그와 같은 삶에서 기쁨을 맛본 사람은 그 기쁨을 잊지 못할 것입니다. 이렇게 끊임없이 이어지는 창조적 삶이 새로운 기쁨을 날마다 주기 때문에 그는 찾는 자seeker의 삶을 살지 않을 수 없는 거예요.

그는 오직 배우는 사람으로 살아갑니다. 유식한 사람이 모든 것을 안다는 표정을 꾸미는 일, 또는 무슨 그럴듯한 결론을 내리는 일 따위에는 전혀 관심이 없어요. 명확한 관념을 말하는(또는 듣는) 일에도 전혀 흥미가 없습니다. 그저 갓 태어난 아기처럼 현존하는 세계의 새롭고 끝없는 신기神奇를 즐길 따름이지요. 거기서 순간순간의 출생과 끝없이 새로운 인생을 경험하는 거예요.

"낡은 사람은 죽고 새사람으로 거듭난다." 이 말이 그냥 한번 해 보는 말로 그쳐서는 안 됩니다. 한 아기의 출생에서 발견되는 놀랍고 신기한 감동이 우리의 삶을 끊임없이 가득 채워야 해요. 아무것도 모르는 무

지한 사람이 됨으로써 그 순간 나는 죽습니다. 내가
아무것도 모르는 사람이 될 때에 비로소 순간순간 이
어지는 새로운 다르마의 전개가 나에게 드러납니다.
이처럼 자기의 무지 속에서 죽는 사람에게 주어지는
새로운 기쁨이란, 과연 얼마나 큰 것인지요!

　　그런즉, 다르마의 새로운 전개와 기꺼이 하나로
될 때 그 사람은 시방 다르마를 살고 있는 것입니다.
배우는 자로서 살아가는 삶이야말로 다르마를 살아가
는 유일한 길이에요. 배움을 떠나서는 다르마와 더불
어 하나 되는 길이 없습니다. 인간 정신의 가장 중요
한 본질은 배움이에요. 배움만이 우리를 이끌어 다르
마로 돌아가게 하기 때문입니다. 자유는 배움 안에서
경험됩니다. 참되게 배우는 사람은 참 자유인이면서
다르마에 흡수 통일된 사람입니다.

회 고
回顧

〔불교 전파〕

1946년 1월, 제가 나가노에 있는 아케가라수 스님의 절을 떠나게 됐을 때, 스님은 이렇게 말씀하셨습니다.

"마이다 군. 불교를 전파하는 것은 양자강 흙탕물에 물감 몇 방울 떨어뜨리는 것이라네."

〔건방진 대가리〕

한번은 아케가라수 스님을 나가노에 있는 국립 결핵요양소에 모신 적이 있었어요. 그곳 환자들에게 스님의 말씀을 들려주고 싶었지요. 강당 높은 위치에 강단이 마련되어 있더군요. 제가 〔앞을 보지 못하는〕 선생님을 이끌어 드려야 했습니다. 강단 한쪽 모서리에

원형 층계가 있었는데 계단이 대여섯 개쯤 되었습니다. 게다가 층계 위로는 경사진 벽이 벼랑의 바위처럼 기울어져 있었어요. 제가 먼저 계단을 올라가 선생님이 발을 헛딛지 않게 하려고 조심스레 손을 잡아드렸지요.

말씀을 마치고 강단에서 내려오실 때는 더욱 위험했습니다. 원형 층계의 계단들은 모두 삼각형이었지요. 앞 못 보는 사람이 계단 내려오는 것을 안내하는 일은 훨씬 더 어려웠습니다. 그래서 저는 선생님의 한 발 한 발에 온 신경을 집중해야 했어요.

선생님이 한 발인가 두 발인가 계단을 내려왔을 때였어요. 그분 앞머리가 경사진 벽에 부딪혔습니다. 그러자 곧바로 이렇게 말씀하시더군요. "고맙네!"

선생님을 의자에 모셔 드리고 나서, 송구스런 마음으로, 여쭈어 보았지요. "선생님, 왜 저에게 고맙다고 하셨습니까?"

그분이 대답하셨습니다. "마이다 군. 누가 자네만

큼 친절할 수 있겠나? 내 건방진 머리통을 벽에다가 꽝 하고 부딪히게 하느라고 수고가 참 많았어."

〔감상 感賞〕

우리는 나가노의 이이다에 있는 겐쇼지 절에 이틀간 법회를 열고 아케가라수 스님을 모셨습니다.

선생님과 제가 응접실에 앉아 있는데 주지스님의 젊은 아내가 피아노를 치며 노래하는 소리가 들려왔어요. 그때 우리는 이런 대화를 나누었지요.

"선생님, 저건 주지의 젊은 부인 목소립니다. 부인은 눈이 참 예쁘지요. 선생님이 그 눈을 볼 수 없어서 참 안타깝군요."

"그렇지만 마이다 군. 자네는 젊은 부인 손에 잡혀 안내받는 경험을 할 수 있는가?"

선생님의 거침없는 대꾸였습니다.

〔주고받기〕

제가 나가노에 오기 얼마 전이었어요. 이시카와 사범대학 시미즈 교쇼 교장을 모시고 아케가라수 스님을 처음으로 방문했습니다. 그 학교 수석 교수였던 제가 시미즈 교장을 수행한 것이지요.

저녁 시간에 아케가라수 스님은 우리를 다실茶室로 안내해 여러 가지 맛있는 음식을 대접하셨습니다. 긴하이라는 고급 사케도 마련되어 있었어요. 저로서는 첫 방문이기도 해서 그런 상床을 받기가 망설여졌습니다. 아케가라수 스님이 먹으라고 권하실 때, 저는 "아닙니다. 고맙습니다" 하고 대답했지요. 그러자 선생님이 말씀하셨습니다.

"마이다 군. 남의 선물을 기쁘게 받을 줄 모르는 사람은 남한테 선물을 기쁘게 주지도 못한다네."

저는 곧 마음을 바꾸고 차려진 음식을 맛있게 먹

었지요.

〔금연禁煙〕

　전쟁이 끝난 직후라서 아직 담배가 많이 부족할 때였는데 하루는 서재에 계신 아케가라수 스님을 찾아 뵈었더니, "마이다 군. 자네 담배 태우나?" 하고 물으시더군요.

　"예, 태웁니다."

　그러자 그분은 서랍에서 럭키 스트라이크 담배를 한 갑 꺼내어 건네주시면서 "누가 이걸 주더군. 불 좀 붙여주겠나?" 하시는 것이었어요. 한 개비 뽑아 불을 붙여 드리니까 선생님은 두어 모금 빨아 천천히 맛을 음미하시더군요. 그런 다음, 담배를 돌려주시며 이렇게 말씀하셨습니다.

　"마이다 군. 이것이 내 금연禁煙이라네."

〔선생님이 베푸신 해방〕

아케가라수 스님의 글 가운데 제 마음을 움직인 것들을 모아서 '사자후獅子吼'라는 제목으로 작은 책 한 권을 펴냈지요. 어느 모임에서 선생님은 제가 그 책을 발행한 데 대해 이렇게 말씀하셨습니다.

"마이다 군은 참 몹쓸 장난꾼이야. 내가 감추고 싶은 것들, 남들이 모르게 하고 싶은 것들만 용케 추려서 책을 만들었더군."

이내 책에 대한 악평이 나돌더니 전혀 팔리지 않더군요. 대중 앞에서 아케가라수 스님을 '생불生佛'로 선전하던 제자들은, 선생님의 너무나도 인간적인 모습들-속되고 짐승 같은-만 묘사된 글이 수집돼 있는 그 책을 감추어야 했지요. 그러나 저는 그 책의 모든 단어와 문장이 선생님을 있는 그대로 순수하게 드러낸다고 믿었기에 그 글이 조금도 당혹스럽지 않았습니다.

지금도 저는 그 책에서 아케가라수 스님이 저에게 베푸신 해방보다 더 순수한 아케가라수 스님의 해방은 없다고 확신합니다.

〔별난 짓거리〕

우리는 기타 야스다에 있는 묘오타츠지 절의 다실 茶室에 앉아 있었어요. 아케가라수 스님이 마루방 중앙에 앉아 계셨고 우리 몇 사람이 그분을 에워싸고 있었습니다. 늦가을 저녁나절이었지요.

그 무렵 지방신문은 마침 가나자와 시에 와 있던 초능력 차력사 지코오손에 대해 소란을 떨고 있었습니다. 지코오손의 지시를 받아 유명한 스모 선수가 그의 머리를 밟고 서는 등, 그 비슷한 기사들이 보도되어 있었어요. 우리는 지코오손의 별난 짓거리를 조롱하며 웃었습니다.

그때, 선생님 입에서 말씀이 떨어졌지요.

"제군諸君도 다르지 않네. 자네들은 내 사진을 찍어 다가 집으로 가져가서 벽에 붙여 놓지. 게다가 이 눈 먼 사람한테 글씨를 써 달라고 하지 않는가? 글씨를 받 으면 아주 행복해하지. 자네들 하는 짓이 지코오손의 별난 짓거리하고 다를 바가 없어. 할 말 있나?"

〔음식 대접〕

아케가라수 스님과 함께 기차를 탔습니다. 선생님 을 나가노에 초빙하여 이 모임에서 저 모임으로 모시고 다니는 중이었지요. 그때 선생님이 말씀하셨습니다.

"마이다 군. 자네도 강연 초청을 받을 때가 있겠지, 안 그런가? 그리고 끼니 때가 되면 음식 대접도 받겠 지. 그러나 만일 주인이 자네한테 마지못해 음식을 대 접한다는, 그러니까 자네가 마땅히 받을 자격이 없는 데 대접하고 있다는 낌새가 느껴지거든, 음식에 입을 대지 말게나."

이어서 그분은 당신이 젊은 시절 고코도 의숙에
계실 때 겪은 이야기를 들려주셨지요.

"한번은 투기업자 하나가 죄를 지어 감옥에 들어갔
는데 거기서 내가 쓴 『단니쇼 강의』를 읽었던 모양일
세. 형기를 마치고 나와서 내게 편지를 썼더군. 그 책
에 깊은 감동을 받았고 그래서 구원을 얻었다고. 그러
고는 감사를 표하고 싶다면서 아무 아무 날에 자기 집
으로 나를 초대한다는 거였어. 갔더니 진수성찬이 차
려져 있는데 모두 식당에서 주문해 온 것이었네. 나는
접시에 손도 대지 않고 주인에게 물었지. '당신은 부인
이 안 계십니까?'

그가 대답하더군. '있습니다.'

그래서 말했지. '이 요리는 먹고 싶지 않습니다. 뭐
든 좋으니 부인께서 만드신 것을 먹고 싶군요.'

그러자 그의 아내가 옆집에 가서 밥을 얻어다가 급
히 먹을 것을 만들어 주었네. 맛있게 먹었지."

〔불청객〕

아케가라수 스님이 세상에서 가장 즐기신 일이 무엇이었을까요? 그것은 법Dharma을 말씀하시는 것이었습니다. 그래서 언제든지 누가 강연을 청하면 거절하는 법이 없으셨어요. 꽉 찬 일정의 틈바구니에 어떻게든 짬을 내어 약속을 하셨지요. 게다가 만약 공일空日이 생기면 초대받지도 않은 곳을 찾으시며 당신 친구들에게 이렇게 말씀하시는 겁니다.

"내가 아무 날 아무 시에 당신 있는 곳으로 가겠습니다. 사람들을 좀 모아 놓고 기다려 주시기 바랍니다."이렇게 초대받지 않고 가는 것은 초대받아 가는 것과 달라 그쪽에서 준비를 미처 갖추지 못할 때가 있지요. 예를 들면, 아무도 선생님께 식사 대접을 할 수 없는 경우가 있는 겁니다. 그럴 때 선생님은 배가 고파도 온종일 아무것도 먹지 않고 그냥 밥상을 기다렸습니다. 그러나 절대로 비서인 노모토 양에게 먹을 것을 사 오라고 시키는 법이 없으셨어요.

　선생님은 1년에 한 번 오하마의 사이호지 절에 있는 기요자와 스님 묘에 참배하는 일을 거르신 적이 없었으므로 매년 한 차례씩은 오하마에서 법회를 가지셨습니다. 그런데 오하마는 도쿄 미카와라는 진종眞宗 후예들의 고장으로 알려진 곳이라 그곳 사람들은 선생님의 말씀을 별로 알아주지 않았어요. 그래서 선생님이 그곳에 가는 것은 무관심의 안개 속으로 들어가는 것을 의미했지요. 거기서, 그분은 진짜 '불청객'이었어요. 지금 저는 선생님 가슴 속 깊은 데에 작용하던 그 커다란 자비심을 생각하지 않을 수 없습니다. 겁이 많은 저는 일생에 단 한 번도 그와 같은 일을 시도해 보지 못했어요.

　역시 나가노의 기차 안에서 그분이 저에게 해 주신 말씀입니다.

　"마이다 군. 자네가 여기저기 강연에 불려 다닐 때 사람들은 자네를 환영하겠지. 그러나 자네를 전혀 반기지 않는 곳에도 자네는 가야 하네."

〔가리지 않고〕

아케가라수 스님은 제가 이해 못할 행동을 많이
하셨습니다. 이런 일이 있었지요.

한때 아케가라수 스님은 간청을 뿌리치지 못하여
히가시 혼간지 절의 총무가 되셨습니다. 1년만 하겠다
는 조건으로 그 직책을 맡으셨던 거예요.

처음 그분이 총무로 되셨다는 얘기를 듣고 정치하
는 중들에게나 돌아갈 자리를 왜 맡으셨는지 이해할
수가 없었습니다. 그러나 일단 직책을 맡으신 뒤로 몸
을 사리지 않고 열과 성을 다 쏟아 일하시는 것을 보
고는 제 회의懷疑가 터무니없는 것이었음을 깨닫게 되
었지요. 또한, 위대한 자비 실천은 거기가 전쟁터든
감옥이든 아니면 지옥 한복판이든 가리지 않고 모든
곳에서 이루어지는 것임을 깨달았습니다.

앞에서 저는 오하마의 법회 이야기를 했어요. 거

기서 그분이 만났던 것은 철저한 냉대였습니다. 선생
님은 가끔 신흥 종교의 초청도 기쁘게 받아들이곤 하
셨어요. 그러니 만일 그분이 (당신의 절과도 관련이 있
는) 히가시 혼간지 절의 청촉請囑을 거절하셨다면 도
리어 그것이 이상한 일이었겠지요. 저의 좁은 마음이
그것을 이해할 수 없었던 것입니다.

〔내 물이 말라 버렸네!〕

한번은 아케가라수 스님을 나가노 시 근교 산마을
시가라미로 모신 적이 있었어요. 그 마을 어느 집안에
서 자기네 제사에 참석하여 한 말씀해 주시기를 간청
했던 것입니다. 그런데 도착해 보니 친척과 이웃이 모
두 모이는 제사인지라 토끼를 몇 마리 잡아 잔치 음식
을 마련한다는 것이었어요. 그것은 네 발 가진 짐승고
기는 절대로 입에 대지 않겠다고 선언한 선생님으로
서 너무나도 놀라운 소식이었지요.

저녁 시간에 선생님은 사람들이 모두 모인 방에서

법어를 시작하셨습니다. 선생님 비서인 노모토 양과 저는 옆방에서 쉬고 있었어요. 그런데 말씀을 시작하신 지 10분쯤 되었을까? 갑자기 옆방에서 선생님 목소리가 크게 들렸습니다. "마이다 군. 내 물이 말라 버렸네(말이 입에서 나오지 않네)! 자네가 와서 내 이야기를 마쳐 주지 않겠나?"

저는 급히 옷을 갈아입고 옆방으로 가서 선생님 자리를 대신했지요. 30분쯤 두서없이 뭐라고 횡설수설 지껄였나 봅니다. 말없이 곁에서 듣고 계시던 선생님이, "이제 내가 말하지" 하시더니 활기 있게 당신 말씀을 계속하시는 것이었습니다.

〔축음기 콘서트〕

묘타츠지 절에서 법회法會가 열렸을 때 일이에요.

묘타츠지 절에 낡은 전축이 한 대 있었습니다. 또 닳아빠진 베토벤 교향곡 제5번 음반도 한 장 있었지요. 어느 날 오후 시간, 법회에 참석한 모든 사람이 그

음반을 들어보기로 했습니다.

그런데 막상 음반을 틀자 거의 음악 소리를 들을 수 없었어요. 우둔하게 찍찍거리는 소리가 끊임없이 귀청을 긁어 댔습니다. 게다가 크고 덩그렇게 비어 있는 절간 강당이 축음기로 음악을 감상하는 데는 도무지 맞지 않는 장소였지요.

잔뜩 기대를 걸고 모였던 사람들이 하나둘 빠져나갔고 마침내 방 안에는 두 사람만 남았습니다. 하나는 축음기를 맡아 간수하는 사람이었고 다른 하나는 아케가라수 스님이었어요. 그런데 스님은 혼자서 그 반쯤 부서져 나간 축음기 소리를 너무나도 주의 깊게 듣고 계셨습니다.

저는 밖에서 그 장면을 바라보며 속으로 중얼거렸어요. "이 무슨 재난이란 말인가! 축음기와 음반 상태를 미리 점검했어야 하는 건데!"

그러나 선생님은, 닳아빠진 음반 속에 숨어 있는 베토벤의 마음heart을 들어 보려고, 무진 애를 쓰고 계셨습니다. 교향곡이 다 끝날 때까지 그분은 같은 태도로 귀를 기울이셨어요. 날마다 인간의 마음 바닥에 깔려 있는 미묘한 움직임을 이해하려고 애쓰시던 자세가 낡은 축음기 소리에 귀 기울이는 모습에서 그대로 드러나 보였습니다. 고맙게도 선생님의 그런 태도로 인하여 그분은 제 마음을 모두 들으셨던 것입니다. 방에서 나간 다른 사람들과 그분을 견주어 보면서 저는 생각하지 않을 수 없었어요. '오, 바로 저기에 여래께서 계시는구나!'

저는 제 귀의 결함보다 축음기와 음반의 결함을 탓한 자신의 경솔함을 뼈저리게 깨달았습니다. 선생님은 그 더운 여름날 오후, 텅 빈 강당에 끝까지 앉아 계셨어요. 저는 혼자 서성거리며 멀리서 선생님을 내내 지켜보았지요. 이런 식으로 선생님과 저 사이에 비밀스러운 영적 통교가 있었습니다.

〔한껏 인생〕

　저는 아케가라수 스님이 인생을 한껏 사신 데 대해 진심으로 존경합니다. 그분은 매일같이 강연을 하러 여행을 계속하셨지요. 그분을 모신 노모토 양은 다음 날 강연을 위해 조금 쉬시기를 바랐습니다. 그의 속생각을 아시고 선생님이 말씀하셨어요. "노모토 양, 그런 생각을 하다니요?"

　이것이 선생님의 살아가신 방식입니다. 그날의 힘은 모두 그날에 쓰되 내일을 위해서 남겨 두려고 하지 않으셨어요. 그분은 매일 늦게까지 일하셨습니다. 이튿날 잠이 깨면 일어나셨고 잠에서 깨어나지 않으면 일어나지 않으셨지요. 내일은 내일에 맡기셨습니다.

　하루는 밤 기차로 도야마 현 다카오카 시에 도착하자 날이 밝았습니다. 쇼안지 절의 중앙 강당이 모여든 남녀 신도들로 가득 차 있었어요. 잠시도 쉬지 못하고 선생님은 강단에 앉으셨습니다. 정확히 말하자면, 강단에 마련된 의자에 앉으셨지요. 그런데, 말씀

과 말씀의 간격이 차츰 멀어지더니 이윽고 더 이상 나
오지 않는 것이었습니다. 선생님은 의자에 앉은 채 주
무시고 계셨어요. 전날 밤 늦게까지 도쿄의 여러 장소
에서 강연을 하시고는 쉴 사이도 없이 밤 기차로 다카
오카에 도착하셨던 것입니다.

　비서인 노모토 양이 주무시는 선생님을 한동안 바
라보다가 깨어나실 것 같지 않는지라, 이렇게 말했어
요. "선생님, 방에 들어가서 좀 쉬시고 이따가 오후에
강연을 하시지요."

　선생님은 "음, 그러지" 하시고는 얌전히 비서를 따
라 응접실로 들어가셨습니다. 더운 물에 목욕을 하신
다음 오전 내내 달게 주무셨지요. 점심 식사 후, 선생
님은 당신을 기다리고 있던 사람들에게 활기찬 목소
리로 말씀을 시작하셨습니다.

　그 일이 있은 지 얼마 되지 않아서, 그날 거기에
있던 한 사람이 자기가 받은 감명을 저에게 말했습니
다. "나는 선생님한테서 생불을 보았습니다. 그분께

향하여 합장하지 않을 수 없더군요."

제 생각으로는, 생불이란 자기 인생을 한껏 살아 가는 사람입니다.

비슷한 이야기가 또 있어요. 선생님은 매년 여름 한 주간씩 법회를 열기로 정하셨습니다. 법회는 늘 8월 15일에 시작됐지요. 저는 언제나 14일 밤 선생님 계신 절에 도착했습니다. 보통 15일 아침에 강연을 시 작하셨지만 어떨 때는 14일 밤부터 일정을 잡기도 하 셨지요. 그분은 마지막 순간까지 일하고 말씀하고 그 러셨습니다. 결코 다음 날을 위해 힘을 남겨 두지 않으 셨어요. 일주일 법회의 첫날은 1년 중 가장 중요한 사 건이 있는 날입니다. 미처 피로를 풀 새도 없이 그분은 15일 아침으로 뛰어드셨지요. 이 경우에도 저는 당신 의 인생을 한껏 살아가시는 선생님을 보았습니다.

수년 전, 불면증에 시달리는 사람 하나가 가끔 저 를 찾아왔어요. 학교 선생이었습니다. 그가 저에게 말했지요. "오늘 밤 푹 자지 않으면 내일이 어려워집니다. 그래서 잠을 자려고 무척 노력하지요. 그러나 잠을 자려고 애쓸수록 더 잠들기 힘드네요."

내일 일에 대한 걱정이 보통 불면증의 원인인 듯합니다. 잠 못 자는 사람의 생애는, 자기에게 가장 중요한 일이 그날의 힘은 그날에 다 써 버리는 것이라는 생각에 바탕을 두지 않은 것이에요. 그의 삶은 든든한 바탕이 없어서 이리저리 흔들리는 겁니다. 그는 스스로 이렇게 말할 줄 모르지요. "내 모든 힘을 오늘 써 버리겠다. 힘이 바닥나면 그때 잠자리로 가는 거다! 내일도 그렇게 할 것이다. 내 인생을 한껏 살면서 모든 힘을 남김없이 써 버리겠다!"

만일 어떤 사람이 내일을 위하여 힘을 남겨둔다면, 제 눈에, 그의 인생은 너무나도 미적지근한 것으로 보입니다. 그런 사람은 자기가 내일 살아 있으리라고 생각하는 거지요.

〔유연柔軟한 마음〕

8월 15일에서 21일까지 저는 나가노에서 온 일행 30명과 함께 이시카와 현의 아케가라수 스님 절에서 모인 연례 법회에 참석했습니다. 거기서 선생님은 신란을 강의하셨지요.

그때 저는 강단에서 말씀하시는 선생님의 자세를 보고서 또 한 번 깊은 감명을 받았습니다. 그분은 아무 사전 준비 없이 완전한 빈손으로 강단에 서십니다. 거기 강단에서 온몸과 마음으로 신란에게 배우시는 거예요. 그렇게 배우는 과정에서 말이 나오고, 청중인 우리는 그 말씀을 듣는 거지요. 사람들에게 무엇을 가르칠까 미리 생각하는 일 없이, 그분은 아주 자연스럽게, '영원한 오늘'의 강단에서, 당신 마음에 분출하는 것들을 그대로 토해 내십니다. 그러니 우리로서는 무엇으로도 어디에도 고착되지 않는 영원한 생명의 화신으로 그분을 보지 않을 수 없는 것이지요.

아케가라수 스님이 강단에서 보여주시는 행위가

그게 말로는 쉽지만 그대로 하기는 쉽지 않은 일입니다. 선생님은 당신 스승이신 기요자와 스님의 "평생토록 설교하지 말라"는 훈계를 그대로 실천하고 계시는 거예요. 만일 누가 미리 준비한 생각을 말한다면 그의 말은 '설교'가 되고 맙니다. 이미 고착돼 있기 때문이지요. 그러나 만일 누가 말하면서 동시에 배운다면 그의 말은, 그 유연성 때문에, 순수하게 생명으로 가득 차 있는 것입니다.

여래 앞에 빈손으로 서기. 그것은 결코 쉬운 일이 아닙니다. 아무 사전 준비 없이 우리에게 일어나는 모든 것을 맞이하기. 그것은 우리가 유연한 마음flexible mind을 지니지 않고서는 이룰 수 없는 일입니다.

아케가라수 스님이 강단에서 말씀하실 때 제가 본 것은 여래 그분이셨습니다. 얼마나 존귀한 모습이었는지요!

〔그것을 맛보니 어떻던가?〕

어느 해 하안거 중이었어요. 아케가라수 스님이 저에게 『정법안장』의 이런저런 영향들'이라는 제목으로 일주일 연속 강의를 시키셨습니다. 첫 번째 강의 시간에 저는 『정법안장』의 한 본문을 택했습니다. 아직 한 번도 그 본문을 읽어 보지 못한 청중이 그것을 이해 못하겠다 싶어서, 우선 본문의 뜻을 해설하기 시작했지요. 그런데 얼마쯤 제 말을 들으시던 아케가라수 스님이 이렇게 말씀하셨습니다. "나는 『정법안장』에 대한 자네의 해설을 듣고 싶지 않네. 그것을 맛보니 어떻던가? 그걸 말해 보시게!"

'해설'은, 듣는 이의 지능을 신뢰하고 그의 이성理性을 납득시키고자 말하는 것입니다. 그러나 선생님은 대중의 지능을 신뢰하지 않으셨어요. 당신의 이성도 신뢰하지 않으셨지요. 그분의 한결같은 자세는, 청중의 이성에 어필할 수 있는 능력을 당신한테서 도무지 찾아볼 수 없다는 것이었습니다. 그래서 그분과 대화를 나누는 사람은 이성이 통하지 않는 세계sphere에서 말을 주고받아야 했지요. 선생님의 말씀은 언제나 틀림없이 그랬어요. 따라서 그분 말씀은 절대 수다스럽지 않았고 단순하면서 시원시원했습니다.

반면에 저의 직업은 사범학교에서 앞으로 선생 될 학생들을 가르치는 것이었어요. 그래서 아케가라수 스님은 자주 저에게 말씀하셨지요. "자네는 선생 학교의 선생이지! 그래서 그렇게 말이 많구먼." 맛을 보니 어땠는지 그걸 말해 보라는 선생님 말씀에는, 이성의 힘이 통하지 않는 세계에서, 그러니까 이성의 작용이 신뢰받지 못하는 세계에서 말하라는 뜻이 들어 있었던 것입니다.

저는 선생님 말투를 빌려다가, "당신 느낌을 말하라"고 하겠습니다. 느낌은 사유의 소산이 아닙니다. 그것은 즉각적 지각知覺 또는 직관直觀이에요. 이성의 능력을 신뢰하지 않는 사람이 경험하는 어떤 것입니다. 그래서 저는 생각이 많은 사람에게, 선생님을 흉

266

내 내어, 이렇게 말합니다. "당신의 이성에서 나오는
것은 모두 당신이 자신의 능력을 의존한 결과입니다.
그런 것은 듣고 싶지 않군요. 당신 느낌을 말해 주십
시오!"

　이나바 성省의 겐지는 질문자가 말을 미처 마치기
도 전에 대답을 했답니다. 질문자가 "제발 생각 좀 하
고 나서 말씀해 주십시오" 하면 겐자는 이렇게 대꾸했
지요.

　"여래께서 내 입으로 말씀하신다네. 나도 자네와 함
　께 그 말씀을 듣고 있는 걸세."

　겐지의 이 말은, 자기 능력을 조금도 의존하지 않
게 된 사람의 모습을 보여줍니다.
　그러니, 만일 어떤 사람이 질문을 받았을 때 곧장
대답하지 않고 한참 궁리한 뒤에 대답한다면 그 대답
은 자기 능력에 대한 의존에서 나온 것이기 때문에 신

뢰할 가치가 없는 것입니다. 그가 자신의 작은 두뇌에
서 짜낸 것이므로 잘못된 대답이 아닐 수 없다는, 그
런 말씀이올시다.

고마운 마음으로……

— 한글로 옮겨 베낀 자의 말 —

일본어로 어떻게 쓰는지도 모르는 마이다 슈이치를
영문英文으로 만난 것은, 그의 말대로, 李 아무의 운명
이리라. 과연 李 아무는 그의 신세를 톡톡히 졌다. 그
를 통하여, 늘 곁에 계시면서 일깨워 주시는 마지막
스승을 만나게 된 것이다. 마이다 선생은 李 아무가 자
기 스승을 새롭게 만나는 데 큰 도움을 주었다. 그가
따로 의도한 바는 아니었겠지만 결과가 그리 되었다.
마이다 선생도 매우 기뻐할 것이다.

李 아무는 새롭게 만난 스승의 가르침과 이끄심에 감
사하면서 심중의 희열을 사람들과 나누고 싶어 이 책
을 세상에 내놓는다.

우연히 읽게 된 이들 가운데, 참된 스승을 만나 인생의 최고 행복을 누리는 이가 하나라도 생긴다면 가외로 고마운 일이겠다.

세상은 아름답고 착하다. 오래 살려고 애쓸 것 없다.

某年 某月

남녘땅 某處에서

李아무